I0118161

# LA PATRIA

## Orestes Ferrara y Willy De Blanck

**Colección Herencia**

Herencia Cultural Cubana

UNOSOTROS
ENSAYO

© 2021 Cuban Cultural Heritage
www.herenciaculturalcubana.org

©Unos&OtrosEdiciones, 2021
ISBN- 978-1-950424-52-8
Título: La Patria: Orestes Ferrara y  Willy De Blanck
Autor: Herencia Cultural Cubana
Edición: Armando Nuviola

Colaboración de Herencia y UnosOtrosEdiciones
www.unosotrosediciones.com

Una publicación de UnosOtrosEdiciones

Hecho en Estados Unidos de America, 2021

**Colección Herencia**

Herencia Cultural Cubana es una organización dedicada a educar, preservar y fomentar los valores culturales e históricos de la Nación Cubana para las generaciones presentes y futuras. www.herenciacultural.org

En todo el texto de este libro, se ha respetado la escritura original por su valor histórico.

**Orestes Ferrara y Marino** (1876, Nápoles, Italia-1972, Roma), fue un militar, político, diplomático, profesor universitario, escritor y periodista cubano. De origen italiano, nació en Nápoles, Italia, en 1876, y emigró a Cuba en 1897, con el objetivo de participar en la guerra independentista de ese archipiélago.

Ocupó diversos cargos políticos y militares:

- Coronel «mambí», héroe de la guerra de la independencia
- Embajador de Cuba en los Estados Unidos (desde el 21 de diciembre de 1926 al 1ro de junio de 1932 al 1ro de junio de 1932)
- Secretario de Estado, equivalente a ministro de Relaciones Exteriores durante la dictadura de Gerardo Machado (desde el 1ro de junio de 1932 al 12 de agosto de 1933)
- Delegado a la UNESCO
- Firmador de la constitución de 1940
- Fundador de la revista *La Reforma Social* (1913-1926) y de *El Heraldo de Cuba* (1914-1926), un periódico nacional que se convertiría seis meses después de su inicio en el de mayor circulación en todo el país con una tirada de 65.000 ejemplares frente a 17.000 del resto de los periódicos.

**Guillermo de Blanck y Menocal (Willy de Blanck)**(1882, Manhattan-1978, Miami) Guillermo de Blanck y Menocal estudió derecho y ejerció la profesión de abogado. En 1906 ingresó en el servicio exterior y se convirtió en agregado en París. En 1911 fundó un periódico conservador y en 1913 se convirtió en redactor jefe del semanario *Gráfico*, en el que aparecían caricaturas de Conrado Walter Massaguer. Cuando Mario García Menocal asumió la presidencia en 1913, Guillermo de Blanck y Menocal actuó como su secretario hasta 1913 cuando lo envió a la concesión británica en Shanghai como cónsul general. Un año después, Menocal se convirtió en el primer ministro residente cubano y jefe de la misión comercial en Beijing. En 1918 fue nombrado secretario general de la delegación cubana al Tratado de Versalles, encabezada por Antonio Sánchez de Bustamante y Sirvén.

En 1921 Menocal ascendió como representante del gobierno cubano a la Sociedad de Naciones y la OIT y el 12 de diciembre de 1921 recibió su carta de acreditación de Wilhelmina de los Países Bajos como Enviado Extraordinario y Ministre plenipotenciario. En parte al mismo tiempo, de 1922 a 1931 trabajó en el mismo puesto en Suiza y residió en Ginebra. Desde 1931 hasta finales de febrero de 1935, fue nombrado Viceministro de Relaciones Exteriores.

Luego, Menocal encontró empleo desde 1935 hasta 1948 como embajador en la Corte de St James en Londres. Durante este tiempo estuvo acreditado como Ministre plénipotentiaire ante los gobiernos locales en el exilio en Bélgica, Checoslovaquia, Polonia, Noruega, Luxemburgo, Grecia, Holanda y, desde 1943, en el Comité Francés de Liberación Nacional. También representó a Cuba como la potencia protectora de México, que unos meses antes había cesado las relaciones diplomáticas con el Reino Unido e Irlanda del Norte, y suministró a Winston Churchill 2.500 puros en forma de corona. En diciembre de 1941, el gobierno cubano declaró la guerra a los gobiernos de Japón, el Imperio Alemán y el Reino de Italia.

Después de la Segunda Guerra Mundial, Menocal fue utilizado como Ministro plenipotenciario de 1948 a 1955 y luego como embajador en Roma. luego fue asesor especial de la Unesco en París hasta 1958.

# ÍNDICE

# POR ORESTES FERRARA

Mi largo silencio sobre los asuntos de nuestra patria no responde al espíritu de transigencia habitual en la edad avanzada, ni a la tolerancia, necesaria en algunos periodos históricos contradictorios o confusos. Mi poca locuacidad en esta hora tétrica ha respondido a las mismas causas que me obligaron al silencio en los últimos años del gobierno del presidente Batista. En aquel entonces, mirando a la derecha y a la izquierda, no encontré ninguna solución a nuestros males, y callé. Previamente había advertido en continuada letanía que, siendo la oposición en su totalidad, la mayoría del país debía unirse a fin de gobernar. Y dije repetidamente que el presidente Batista debía poner su alto cargo a disposición de ella para la hora en que unida y compacta se presentara a ejercer legitimas funciones de gobierno. Mas cuando consideré que tanta resistencia resultaba vana y que la única solución deseada por todos era que una nueva minoría sustituyera a la de Batista, abandoné los acontecimientos contemporáneos y escribí exclusivamente sobre tiempos pasados y otros ambientes, más complejos y difíciles de interpretar, pero más agradable o por lo menos no tan doloroso para mi espíritu.

El gobierno de minoría continuó, pero no llegó a ser tan débil que amenazaré caer carcomido. Sus adversarios profundamente divididos le daban aliento. La oposición armada que se presentó luego con la insignificante expedición de Castro, no la consideré importante. Nunca será tomada por la historia como factor decisivo de los acontecimientos que hemos asistido en estos últimos tiempos. Los pocos

11

compañeros de la Guerra de Independencia vivos aún, recordaran como yo, que no fue ni en la Sierra Maestra ni en el Escambray donde se pretendió alcanzar un triunfo, aún parcial contra España. Recordarán algo más: que la Sierra y el Escambray era menospreciados como lugares de rebeldía, calificado sus reductos de *majaseras*. El 'mambí' llamaba 'majá' al revolucionario que no quería pelear, y *masajeras* los lugares escogidos por éste para sustraerse al ataque enemigo. Un mambí como yo, —perdonemese la vanidad senil—, primero en pasar la Trocha de Júcaro a Morón, cuando fue fortificada que entró en Victoria de Las Tunas junto a Carlos García Vélez y recogió al coronel Piedra herido, y muerto al ayudante de acompañó a Martí en Dos Ríos y único testigo del heroico sacrificio de éste; un mambí como yo que además fue el primero en aceptar el fuerte de avanzada de Arroyo Blanco a las órdenes del general José Miguel Gómez, no podía acordarle eficiencia a la táctica revolucionaria de correr a la Sierra y luego al Escambray. Ahora bien, debo repetir hoy lo que dije entonces por la prensa en carta al periodista Braños: *que sentir respeto por los jóvenes que en esas regiones pusieron sus vidas posibles peligros sosteniendo sus ideas con las armas en la mano.*

La presencia en Cuba del Dr. Fidel Castro fuera de la ley, mientras me hacía sonreír por actitudes nuevo Martí que él asumía, sin tener en cuenta la diferencia cultural, la nobleza de la causa y sobre todo la elevación del escenario, me llevaba por otro lado a considerar que, para la ingenua alma popular la del habitante de las lomas, asumía él la figura del pretendiente que sabe esperar la hora oportuna.

La actitud de Batista, imperturbable ante esa expectativa, me hace suponer que el antiguo sargento eclipsado por la luz de las estrellas del generalato no consideró seria tal situación y que tampoco la comprendieron las oposiciones inertes que vivían de la memoria de Eduardo Chibás o de los bríos del derrocado Prío Socarrás. Y sucedió que la astucia juvenil del Dr. Castro, batió a los camastrones ya avanzados en edad de la política cubana.

De todos modos, la oposición popular contra el gobierno Batista fue aumentando. Y cometió este entonces su mayor error: la proclamación del candidato presidencial de los partidos gobernantes, joven inteligente y de bien, pero sin situación ciudadana propicia a un cargo tan elevado. Más el Ejército, las múltiples policías y una minoría electoral seguían manteniendo a la zozobrante barca gubernamental. Fue entonces que el gobierno de los Estados Unidos, viendo a Batista en grave aprieto, pensó llegado el momento de dominarlo sin molestia para él, manifestando que no reconocería la elección de sucesor y que de ocupar el cargo quien parecía electo, esta elección sería considerada como inexistente. Batista y los militares más importantes, no pudiendo resistir a este nuevo adversario, decidieron ausentarse de Cuba velozmente, dejando puede decirse, vacante del poder público. El heredero rebelde de las lomas inexpugnables se mostró despreocupado y hasta desdeñoso en su hora de victoria. Sus secuaces fueron ocupando tales y cuales ciudades, anotándose éxitos que cifraban pérdidas ridículas de ambas partes: un muerto, dos o tres, como máximum.

El país, deseoso de cualquier cambio, estaba con él Dr. Castro. La corrupción administrativa había llegado a la periferia, y los ricos propietarios no sufrían que unos cabos, sargentos o aún militares de grados superiores, les obligasen a pagar continuos subsidios. Prefirieron a la distribución obligada de algunos miles de pesos, entregar voluntariamente millones a quien satisfacía —por ser una incógnita—, las aspiraciones de todo: a la juventud especialmente con bellas esperanzas; a los católicos, con buen número de medallistas en los pechos, representando a vírgenes de todas las razas y colores; a los estudiosos, ostentando el título de doctor; a los ricos que lo suponían agradecido por los abundantes dinero aceptados gustosos; y a los mismos militares, satisfechos por la engañosas dádivas o promesas recibidas. Castro no amenazaba a nadie. Cada ciudadano encontraba en sus generalidades una vaga esperanza. Yo mismo, que refiriéndome a él había dicho sarcásticamente que Martí le hacía daño a Cuba por los muchos ridículos imitadores que suscitaba, yo mismo repito, pensé que, siendo tan fácil un buen gobierno en Cuba, rica como era, y con la despierta inteligencia de sus habitantes y sin problemas graves en la internacional, hasta un joven inexperto adoctorado en una época en que la Universidad se hallaba cerrada casi en permanencia, podría ser útil en la presidencia. Naturalmente, pensaba que con el Dr. Castro habría elecciones inmediatas, pero cuando leí la frase sacrílega **¡Elecciones! ¡Para qué!,** comprendí que había ocupado el poder un rompollo de Mussolini, aparecido en la mitad del camino de nuestra vida republicana transformada en selva salvaje, áspera y fuerte, como dice Dante en el inicio de su gran poema. Más la mayoría de los cubanos siguió teniendo fue en él. En efecto, insisto en decirlo, ¡era tan fácil gobernar a Cuba ¡Bastaba aligerarla de los militares, peso eterno, y deleterio latinoamericano, y llevar a un hombre severo y recto a Hacienda! No quiero decir que estábamos en un paraíso terrenal, pero afirmó que podíamos resolver nuestras dificultades fácilmente. Nuestra base era sólida. Entraban en el país centenares y hasta miles de millones de dólares y podíamos distribuirlo con facilidad más equitativamente. El Dr. Castro muy pronto pensó que el bien de Cuba estaba atado al carro de su gloria, y pensó no en remediar nuestros males, sino favorecer los intereses de los que aspiran mejoramiento de clases. He dicho y repetido por mi cuenta que la repartición de la riqueza en el régimen capitalista es errónea, pero hecho igualmente observar que tal repartición depende de las exigencias de la producción. Asegurando un alto rendimiento productivo, el resto es fácil. Y entre nosotros más todavía, debido a la tradicional existencia del colonato. Bastaba, pues que un hombre de buena voluntad, honrado aunque mediocre, aumentase el número de las pequeñas colonias de caña y elevar el porcentaje acordado al colono, fijase mayores salarios al peón, diese protección a cooperativas agrícolas completamente libres, impusiese mayores impuestos directos honorablemente tolerados y al propio tiempo redujere los enormes gastos portuarios y los derechos de aduana, menores las cifras presupuestales como colofón para alcanzar los propósitos del bien general, más altos y nobles; pero el joven Dr. Castro muy pronto probó que sólo aspiraba a su propia gloria por medio de exageraciones sentimentales y un ruidoso escándalo.

La mayoría de los cubanos empezó entonces a pensar como yo, pero seguía aplaudiendo, aceptando promesas expresadas en tono mayor. La vanidad y la crueldad ya aumentaron con el éxito. Quien quiera juzgar hoy o mañana al Dr. Castro de ese período, debe releer sus primeros discursos, dados a la luz en el periódico *Revolución*. Quien quiera juzgar su gobierno debe examinar los decretos publicados en el diario oficial. Quien quiera conocer la hora triste de Cuba debe seguir el reportaje de los órganos de publicidad al servicio del dictador, sobre los juicios políticos celebrados con implacable crecendo.

**Quien quiera odiar al comunismo debe estudiar su tonta aplicación en nuestra tierra, periodo que nos ha valido un terremoto moral, cívico cultural, económico y político nunca visto en los siglos de los siglos.**

El pueblo de Cuba, al fin, pasado el tiempo, ha comprendido que es estulto apoyar a quien salta de la protección de los adinerados a un confuso comunismo, del abrazo del primate del catolicismo cubano, —un severo arzobispo, que dicese, le salvó la vida—, a la crítica del ateísmo y que sustituye las medallitas consoladoras de toda ñoñería con la persecución de los fieles en sus iglesias.

El pueblo de Cuba ha perdido mucho tiempo en llegar al actual descontento, ya que el Dr. Castro, a pesar de su psicología escenográfica ha sido bastante descuidado y no ha ocultado sus contrastes ideológicos, sus alterados estados de ánimo y su confusa mentalidad. Al verlo físicamente en los retratos, —satisfacción máxima de su vida— recordé de unas cartas notables de Macaulay dirigidas a un exministro de los Estados Unidos en Londres, este juicio: en el próximo siglo los bárbaros descenderán no del Norte; surgirán en los países mismo y serán tan adversos a la civilización como aquellos que la humanidad sufrió en otros tiempos. Las barbas castristas, imitación barbárica por su desorden, me recordaron al sagaz inglés. Pido excusa a los que usan tal adorno, no como símbolo sino como mera comodidad.

DR. ORESTES FERRARA

Abogado, libertador, ex-presidente de la Cámara, amigo íntimo del inolvidable
Lanuza, crítico, conferencista, periodista, colaborador de SOCIAL, director
propietario de «Heraldo de Cuba», que acaba de retirarse del Congreso donde deja huellas imborrables de su talento y valor personal.

(Caricatura de Massaguer)

Aunque me pareció inexplicable que una rebelión hecha contra supuestas agresiones policiacas empezará por fusilar al por mayor —a punto de hacer coincidir la cifra de los muertos prefijada en Cuba en 1961 con la fijada por Felipe segundo en sus instrucciones al Duque de Alba al enviarlo a Flandes— en la segunda mitad de 1500, sentí repulsión por tanta violencia, pero no lo atribuí a un sistema de terrorismo gubernamental. Conste: ni un sólo momento tuve tolerancia por la mucha sangre derramada. Pero hombre de principios, no sentí tanto horror por los que creí actos circunstanciales, como por los que vinieron conjuntamente a indicar una orientación estatal definida, inconexa y absurda, que, queriendo establecer al marxismo hubiera hecho repetir a Karl Marx de vivir aún, su famosa frase: "Yo no soy marxista". Debido a tan trasnochada política, dicté en mi espíritu la sentencia definitiva y precisamente el día en que leí la disparatada ley de alquileres y la incongruente ley de distribución de tierras, esta última todavía no aplicada comprendiendo que estamos perdidos, más que por otra cosa por la incapacidad de los nuevos gobernantes. Lo absurdo de la ley de alquileres llega en realidad a lo sublime. Con ella los comunistas o los que están aprendiendo a serlo, han consagrado las diferencias sociales, haciendo obligatorio y eterno el sufrimiento y la incomodidad a los pobres con las chozas, y dejando a los ricos un cómodo y barato goce, el primordial de la vida, la casa amplia.

Estos revolucionarios nuestros que en destruir han sido perfectos, al encontrarse frente a algo creador han mantenido el *status quo burgués*, dejando a todos los inquilinos de Cuba las casas que ocupaban previamente, con el ofrecimiento de sustituirlos luego a sus propietarios. Al ricachón dieron la mayor satisfacción, la alegría, digamos de una casa sonriente; al pobre, al desheredado el tugurio secular. Hacer una revolución de igualdad social para dar al rico mayor riqueza y al pobre una inalterable pobreza, no son ideas, paréceme capaces de surgir en la mente de un Blas Roca o de un Agüero y sobre todo de un Marinello, colegas míos en la convención constituyente del 40, pero sí en la del Dr. Castro, aprendiz a comunista, el cual, olvidando el tema comunista de a cada uno según sus necesidades, patrocinó la causa de la burguesía más reaccionaria; la de la teoría de cada uno según sus hábitos ancestrales. Es posible que la astucia juvenil del Dr. Castro pensare que en aquella hora había necesidad de que la gente no se cansare de sus largos e inconexos discursos y que era preciso el aplauso desordenado aún después de tres o cuatro o cinco horas de largas parrafadas. El inquilino en efecto es el tipo de ciudadano más numeroso de una ciudad. Había que favorecerlo de todos modos, por encima del comunismo. Una bonachona y fiel negra vieja, de aquellas con sus virtudes y sacrificios todavía recuerdan la oprobiosa esclavitud, tirando de los balcones de la casa presidencial, en pequeños billetes, los millones que el Dr. Castro distribuyó en un día, con la ley en cuestión hubiera recibido los mismos aplausos de la burguesía que enorgullecieron al Dr. Castro a pronunciar la criminal frase: ¡Elecciones! ¿Para qué?

*Vivienda de Orestes Ferrara en La Habana. Hoy, Museo napoleónico*

La otra ley a que he aludido o sea la ley de la distribución de las tierras laborables, ha reafirmado en mi mente la ignorancia gubernamental, no tan chocante como en lo de la ley de alquileres, revelándome sin embargo su desconocimiento de toda nuestra economía. El Gobierno *de facto castrista* inició sus funciones afanándose por ser 'revolucionario' sin tener un sólo principio de la mente. En aquel entonces todavía algunas personas de cultura acompañamos al Dr. Castro, obedeciéndole como sucede con todos los dictadores, sin parecer apercibirse tampoco ellos de que la economía cubana es muy difícil, casi imposible repartir ciertas tierras. personalmente soy favorable a los repartos territoriales y he escrito en uno de mis libros que la riqueza de los romanos se afirmaba de periodo en periodo con tales distribuciones. Pero en Cuba la mayor parte de la tierra cultivada no produce artículos de consumo que van al mercado general; produce caña de azúcar que no puede comercializarse considerarse producto agrícola sino materia prima que debe ir *inmediatamente* a una fábrica para sufrir la transformación que la hace útil, objeto por tanto de compraventa.

Pensando un poco, no con la torpe vanidad que provoca en los tontos la palabra **"revolución",** dándole derecho a disparatar, sino un poco mirando al pasado: ¿es posible concebir una producción cañera sin un genio con caña asegurada en su propia zona? —¿Hubiera alguien creado el primer ingenio y luego construido los sucesivos si no hubiese tenido la seguridad de que los millones que gastaba, iban a contar con caña propia, necesaria a sus industrias?— ¿Se ha visto nunca una gran empresa organizarse para producir acero sin contar con hierro o un molino sin facilidades para lograr trigo? Este olvido técnico, que prueba una vez mala lo ineficaz que es la audacia en el campo económico, queda agravado en la estructura de la ley por la inclusión de una base antiigualitaria que los individualistas más exagerados no vemos nunca soñado. El Estado verbigracia el Dr. Castro, ha regalado dos caballerías de tierra a cada familia. No tengo la ley a la vista y por ello dejó a un lado particulares de poca monta. Ahora bien, dos caballerías a cada familia, de la noche a la mañana, significa una donación beneficiosa a centenares de miles de cubanos; y esto explica la presencia de campesinos de zonas lejanas en las calles de la Habana, escuchando y aplaudiendo, más que oyendo aplaudiendo al máximo, al máximo doctor de las incongruencias, pero hay que recordar que las caballerías de cada familia hallasen situadas en regiones distintas; unas alrededor de la Habana, otras en Matanzas, las Villas y Camagüey, habiéndola igualmente entre Guantánamo y Baracoa. Según la teoría de la renta (agrícola) de Ricardo como economista fue quizá uno de los pocos superiores a Karl Marx, está, la renta, queda fijada precisamente por la situación geográfica del terreno en que se encuentra. Lo cual significa en su aplicación práctica que mientras las dos caballerías cerca de La Habana valen o valían de 10 a 20000 pesos, muchas de las que se extienden entre Baracoa y Guantánamo todavía se mantiene o se mantenía entre 500 y 1000 pesos. Cómo se ve, tal ley tampoco se insC pira en la igualdad comunista; se inspira en el favoritismo gubernamental. Su peor característica se halla en el olvido hecho del desarrollo futuro de las familias favorecidas que con el tiempo multiplicarán sus miembros, —¿Quién o quiénes heredarán las dos caballerías?— La ley no da una sola honorable y segura. Este problema hereditario sepultaría Cuba en un nuevo Medioevo. El derecho a vender, donar o ceder el donativo estatal no podría negarse, salvo de recurrirse a la solución de fuerza que es la táctica única del Dr. Castro: el puño sustituido al cerebro. Al omnímodo dueño de Cuba le será fácil impedir toda operación de natural intercambio, pero en este caso haría de los campesinos no dueños de tierras, sino a las tierras dueñas de los campesinos: una Edad Media pura, una mayoría campesina transformada en sierva de la gleba. Desgraciadamente el paso no sería largo, ya que de sierva del Dr. Castro pasaría a ser sierva de la gleba.

Desde el punto de vista comunista, las dos leyes iniciales castristas resultan una estulticia. En la primera se afirma en eterno la desigualdad social y por medio de la segunda se vuelva siglos odiados, anteriores al año 1000, con la agravante de que, debido a la procreación tan abundante de la familia moderna, surgirán odios y luchas por la herencia de las dos caballerías, indivisible, por un lado, y por otro del todo insuficiente para el conjunto familiar.

De izq. a derecha: Presidente Gerardo Machado, Orestes Ferrara, Charles Lindbergh y Miguel Mariano Góme

Si las puertas de entrada de la Confusión castrista, no Revolución, fueron tan erróneamente concebidas, el sistema posterior se ha planteado con menos madurez ideológica. Por primera vez en Cuba la inteligencia ha debido dejar el camino libre a los fut-bolistas. De ahí que en 3 años solamente se haya destruido el producto fecundo de

50 años, sin crearse nada útil. Todo se ha demolido. Se han repartido algunas limosnas, como el antiguo Circo de Bizancio; limosna que humilla, no eleva a los pueblos. Lo que ha venido después de las dos leyes desniveladoras, sin duda zapa el sistema capitalista, pero sitúa al Estado en la cumbre del despotismo y del abuso; como lo hubiera deseado Dionisio, famoso tirano de Siracusa; pone en sus manos la totalidad de la vida de los hombres, aniquila al individuo y evita todo desarrollo colectivo. Stalin resulta, en este limitado campo feroz, un niño de teta comparado con Castro. Porque el hecho cierto es que nunca ha habido en el mundo un *estalinismo* mayor del que se sufre en Cuba. Podríamos hasta decir: un zarismo más abusivo y sanguinario, resultante odiosa de la bastarda unión de Pedro el Cruel y Stalin. El mal llamado culto de la personalidad no ha podido mostrarse más inconcebible, más absurdo. Hasta el derecho penal y el civil, las dos manifestaciones básicas de la sociedad humana vienen siendo sometida a estultas pasiones, mezquinos intereses propagandistas, idiotas reglas de vida. La civilización moderna, de 1000 años, ha sido anulada y la más bella tierra de América se ha vuelto largamente precolombiana con un gobernante que ordena y manda con una audacia y un despotismo en el cual se mezcla la sed de sangre con la voluptuosidad del mando.

Procediendo a un examen objetivo de lo que ha sucedido, acallando el patriotismo de libertador que nos hizo soñar con una nación ejemplo y gloria del mundo, con una Inglaterra de América —veamos a qué conclusiones ha llegado el único alterado cerebro que tiene derecho a pensar en Cuba.

### A Maria Luisa Sanches:[1]

*No hay en la bárbara guerra*
*del mundo más que un consuelo*
*las estrellas en el cielo*
*y las niñas en la tierra.*

*No hay rival de la mañana*
*con su luz pálida y pura*
*mas sí hay rival, tu ternura*
*pálida niña cubana.*

*Yo diré, mi niña esbelta,*
*allá en mi hogar de martirio,*
*que he visto en Ibor un lirio*
*con la cabellera suelta.*

### Jose Marti

*Con su esposa María Luisa. Foto: © www.orestesferrara.com*

---

[1] En 1891, Jose Marti escribió un hermoso poema a la esposa de Ferrara, Maria Luisa Sanches, en Tampa (Ibor City,) Florida.

*Junto su esposa, viajó el mundo. Foto: © www.orestesferrara.com*

Hoy no es ya un secreto que el Dr. Castro de golpe se desvió del reparto de tierra y del favoritismo de los alquileres, hacia lo que él llama marxismo leninismo. Ha confesado en efecto haber tenido en principio cierta tendencia hacia esas ideas, y que una vez en el Olimpo cubano, nuevo Júpiter, recibió la gran inspiración; sucediéndole lo que a San Pablo cuando estaba sobre el camino de Damasco, si es que por ser paganos no queremos aludir al gran golpe de masa de Saturno asesto a la cabeza de Júpiter. Bajando un poco de ambiente podemos añadir prestando atención a sus confesiones, que le ha pasado lo que a muchos histéricos que en hora de crisis ven visiones palpitantes. Sus visiones lo convencieron así adoptó, según ha dicho, el nuevo credo, y con él, a fortiori, debió adoptarlo todo el pueblo de Cuba, que de Comunismo conocía sólo la palabra Sí, el pueblo de Cuba tuvo que ser comunista, no sólo porque fue con este nombre que el ciudadano *libre* de pensar *libremente* aún durante las dictaduras podía vivir, sino porque toda casa de Cuba tiene hoy su *paredón,* cantando con lúgubres acentos el himno de la muerte. Y cuanto menos todo edificio público puede cambiarse en cárcel severa. Así, sin nadie tener tiempo para leer a Karl Marx, los habitantes de Cuba, con la vista en las armas mortíferas de Rusia, han podido aprender lo suficiente y penetrar en el marxismo-leninismo antiestalinista, al servicio de Castro. Y esto que parece un juego de muchachos alocados, es pura historia que destila sangre.

*Como embajador de Cuba en Estados Unidos, segundo de izquierda a derecha, Washington DC. Foto: © www.orestesferrara.com*

## Quitemosnos las caretas:

Fidel Castro aparenta engañarse a sí mismo, y engaña a los demás. Preciso es recordar las medallitas que bailoteaban en su pecho en el primer período de gobierno. Y quizás sea más útil todavía para comprender la máxima tragedia surgida de estas amargas burlas, recordar las declaraciones suyas arrojadas al público sobre que él no era comunista, sobre los derechos del pueblo y del hombre, y sólo las elecciones más o menos próximas. Evocando lo que ha desfilado ante nuestros ojos durante 3 años de dominio absoluto, llegaremos a darnos cuenta del doble engaño. El Dr. Castro, después de haber comprado una buena parte de la opinión pública con la ley de los alquileres (compra de la burguesía de las ciudades) y con la ley de reparto territorial (compra del campesinaje), se hubiera sentido satisfecho si no hubiese sido impulsado por una nueva siniestra ambición, la de elevarse a héroe continental. Su vanidad le señaló una vía más ancha: extensión del castrismo a la América Latina toda. Nuestro Bolívar él, y más aún, en su agitadamente, debía imponerse a las naciones hermanas con los afrentosos métodos usados en Cuba. Después de todo, pensó, las masas caen todo lazo, por burdo que sea, y fácilmente. Católico él, las masas de aquellas naciones lo eran también. Podía él pues maniobrar libremente, por carecer de principios bien definidos, como ha bien declarado. Sus ideales eran vagos, imprecisos, saltuarios, como los de la muchedumbre avasalladas. Sólo había necesidad de un objetivo inmediato, capaz de servirle de materia aglutinante, de todas las ignorancias, y lo encontró fácilmente en el odio común a los Estados Unidos que, por motivos de orden diverso, son alimentos de ciertas masas de Latinoamérica. El Dr. Castro, con irresponsabilidad juvenil, se puso a agitar tal estado de opinión, y acusó de todos los males de Latinoamérica a los Estados Unidos del Norte, y sigue haciéndolo hoy, al servicio de una nación enemiga de la libertad. Puesto frente al coloso norteamericano se vio obligado a someterse al coloso oriental, y ciegamente adoptar sus doctrinas.

Yo uso y he usado al hablar del Dr. Castro de la palabra juvenil como calificativo de su actitud, de su inteligencia, de sus habilidades y engaños, y quiero explicar el motivo. Todos los hombres, viejos y jóvenes, al actuar tienen sus reservas mentales o sus audacias, más la persona que entra en la edad de cuando, como dice el poeta, en el niño relampaguea el hombre, se torna circunspecta porque la conciencia, una vez formada, detiene sus impulsos primitivos; el Dr. Castro, a pesar de sus años, ha quedado como un niño grande, su carácter ha pasado los 14 años y toda afirmación estrafalaria sale de su espíritu irreflexivamente, contundente y absoluta; toda lejana posibilidad toma forma de certidumbre, y toda presunción se trueca en realidad. Como el niño atrevido nos deja estupefactos por sus afirmaciones irreales pero audazmente categóricas. Con tales condiciones, sin embargo, dada las corrientes de los tiempos y la inestabilidad de la mente colectiva, el Dr. Castro ha satisfecho una vanidad redoblada por el éxito y se ha hecho un nombre en América Latina; desafiando con insolencia de superior arrogancia a la América sajona.

Al ponerse frente a los Estados Unidos, en forma tan alocada, no podía suceder otra cosa, como he dicho, que lo sucedido: el Dr. Castro ha debido llamarse comunista a la fuerza, sin creer en el comunismo marxista-leninista ya que no ha visto, siquiera en una librería, las obras de Marx, y sin conocer una palabra de la vida de Lenin que fue a la par un hombre serio y honrado, aunque muy equivocado; ciertamente más equivocado que Marx. El Dr. Castro se hubiera hecho stanilista, si la muerte de Stalin se hubiese retrasado de algunos años.

Volviendo al curso de los acontecimientos, el Dr. Castro después de las dos grandes leyes propias propagandísticas, de que me ocupado, avanzó rapazmente hacia un comunismo de Estado inseguro, pero feroz, absoluto, destructor; espoleado sobre todo por la necesidad de lo que puede llamarse su política extranjera, que debe mantenerlo en su poder tiránico. La potencia de Rusia hizo este milagro. La alianza con Rusia no se le había ocurrido a ningún comunista consciente de las 20 repúblicas nuestra, ni a ningún otro de la Europa Occidental. No la han pensado un hombre agresivo como Nasser, ni un Nehru. Sólo, los 14 años que cuenta el carácter del Dr. Castro han podido transformar una república americana a 60 millas de los Estados Unidos

28

en un enemigo molesto y odiado de las Américas, a pesar de no tener fuerzas militares, —puesto que las que tiene en nuestra época son de opereta— ni elementos económicos, ni apoyos políticos. El *Audaces Fortuna Juvat* ha alcanzado su más alta aplicación en su caso, porque no se trata de una audacia sino de una serie continua de audacias que corren hacia el precipicio inevitable.

Más, si en esta política internacional de demente ha tenido éxito hasta ahora por razones que desconocemos y que ciertamente conocen los gobernantes de Washington, aquellos mismos que prepararon el camino triunfal de Castro en La Habana, en la parte económica, factor puramente cubano, Castro no ha sido afortunado. Cuba está ya camino del abismo. El factor económico es un caballo cerrero que desarzona aún al jinete más probado. El Dr. Castro ha despedazado y arruinado a Cuba. La vida en el país nuestro, no suyo, es hoy dolorisíma. Mañana podrá ser un infierno. Sus audacias de niños han arruinado a la Patria.

Yo desafío a cualquiera que a que defina exactamente el régimen actual de Cuba si se excluye el hecho cierto de que el capricho de un hombre poco preparado lo puede todo, y su voluntad es la única regla de vida, el resto es una incógnita. El Dr. Castro ha destruido, simplemente, y los regímenes se califican por el sistema de vida colectiva que inauguran, no por las cenizas que dejan a su paso. El comunismo de por sí confuso, más religión que ideal político, como saben los que no conocen bien y recuerdan sus antagonismos iniciales con el socialismo utopista primero, y con el colectivismo después, infiltrado, según confesión propia en la mente del joven inexperto, en hora inoportuna, el comunismo con sus adjetivo marxista y leninista no puede crearse en un momento sólo y con un libro sólo en una conciencia seria. Como el Dr. Castro se ha arrogado el derecho exclusivo de pensar por Cuba, resulta que su comunismo agresivo y mortífero no es ya como lo fue antes, durante medio siglo, la insegura visión de un reducido grupo de más o menos buena gente, sino la concepción apocalíptica de odios, de fusilamiento, de reglas inhumana, de contradictorios favores burocráticos y de constantes persecuciones. Bajo su despotismo las tumbas se multiplican y las cárceles están repletas, más las ideas eclipsan y la infamia se reproduce.

**Con mucha** sinceridad ha confesado el Dr. Castro que se considera leninista marxista, pero con ribetes cubanos, que como bien sabemos, significa castrismo, lo cual a su vez supone el acaso alucinante de todas las malas pasiones. En cuanto a la realidad práctica cubana, lo dominante es la multiplicación a lo infinito de todos los errores y crímenes del pasado, con la añadidura de la destrucción de fecundo trabajo de 50 o más años. El comunismo triunfante nos ha llegado por un erróneo desarrollo de la conciencia popular, ni por la tendencia avasalladora de un grupo, ni siquiera por un esfuerzo heroico de minoría. El cambio radicalísimo de hechos e ideas, que divide hoy a más de 6 millones de personas civilizadas, haciendolas feroces enemigos, cambiando su existencia y empobreciéndolas se ha revelado por labios excesivamente ruidosos de un nuevo Mesías que subvierte de golpe en su camino sus principios y hasta su Dios. Todo me recuerda a otro Castro, el lunático Cipriano Castro de Venezuela de hace muchos años, mortífero e infantil él también.

Los rusos han aplaudido erróneamente el daño y la burla que el Dr. Castro ha provocado contra los americanos todos y han defendido con amenazas de catástrofe general una situación que es la página más negra que desde la antigüedad clásica han escrito los principios del comunismo; páginas que servirán de advertencia ilustrativa en el futuro a todos los pueblos. El caso cubano, horripilante por la tiranía y por la miseria es traída, no invitará a la imitación.

Cuba por otra parte no podrá deshacerse fácilmente de un dictador que no teme ser tirano ni se conmueve por su país, ni tiene sensibilidad humana. Cierto es sin embargo, que hoy todos sufren en Cuba, y que las primeras figuras que se elevan en contra del Dr. Castro, son sus honrados secuaces de los primeros tiempos. Más cierto es que no puede él exigir fidelidad ya que ha probado no tenerla, ni con sus compañeros de dolor, ni con sus propias ideas, las religiosas como las políticas. Más nosotros, con estas palabras no invitamos a seguir malos ejemplos, ni siquiera para la liberación de un pueblo: viejos partidarios de la dignidad y del honor no creemos que las malas acciones puedan redimir a los pueblos.

¿Cómo se podrá resolver este grave caso que hoy parece insoluble? Dejo mi opinión al acaso. Un día nos despertaremos con una noticia que permitirá a Cuba ponerse sobre el camino de la libertad. Es posible que la conciencia misma del Dr. Castro, enfrentada con los hechos que se presentarán todavía más graves, reacciones. Puede igualmente ser que a ver declinar él su popularidad —lo que es todo en su vida— a no poderla pagar más como hasta ahora, decida con un acto teatral retirarse a Rusia. Más probablemente, el factótum cubano podrá ser desarmado por un estado de opinión que al mismo tiempo animara a los demás. Creo que, aun cuando la parte intelectual de su séquito lo ha abandonado, algún medio cerebro quedará para facilitarle la quiebra definitiva en el momento trágico. Los mismos comunistas cubanos probablemente concurrirán a su caída, considerando el triste papel a que están sometidos su nombre y sus instituciones. ¿Quién puede mantenerse en la gobernación en Cuba cuando el precio del azúcar es irrisorio, la carne desaparecida del mercado, el café perdiendo valor, las industrias sin herramientas y las casas sin materiales de construcción o reconstrucción, carentes aún tiempo todos los ciudadanos de los pequeños objetos necesarios a la vida? Y todo esto por la frenética mentalidad de un hombre.

Dentro de mis previsiones hay algo más importante que estos hechos: creo que el régimen caerá no sólo por la falta de alimentos y de artículos de consumo sino por el gran desorden obra de las estupideces gubernamentales especialmente en la repartición de la riqueza. Ya el avance comunista se ha detenido frente al pequeño comercio. El Dr. Castro ha dejado en parte esta rama capitalista libre. Si el pequeño comercio no puede enriquecerse con el mercado negro, abandonará voluntariamente la supervivencia que se le ha concedido. Hoy el poco equilibrio económico habido en Cuba es consecuencia de la fatiga del pequeño y astuto burgués, no obstante, el tono al arbitrio gubernamental. Caído este esfuerzo, el caos, un caos total surgirá inmediatamente. Desorden, producto de la violencia y de la ineptitud que disgustará a la misma burocracia, culpable en parte, y pondrá en grave delusión a las masas consumidoras. Ya hoy llegan a mi lejana mesa de trabajo las antiguas frases: 'estábamos mejor cuando estábamos peor'; 'el comunismo es engañoso y falso'; 'lo bueno es lo malo que esto se pone'; 'no tenemos ni siquiera chicharrones ni café con leche'; y muchas, más más modernas que atacan con mayor insoe lencia al régimen y sus jerarcas enanos. La caída está a la vista. Sería erróneo creer que en las condiciones actuales pueda subsistir un régimen que reúne como principales elementos de gobierno la miseria y la tiranía. Por muchos esfuerzos que se hagan para zurcir tantos rotos, todo caerá en pedazos. Se podrá apuntalar una pared en ruinas, pero la casa toda desaparecerá. El Estado, en efecto ha sobrevivido hasta ahora por la rica herencia, de que ha disfrutado. Pero la herencia se ha agotado. La riqueza dejada por los gobiernos pasados se ha desvanecido en el mar de palabras de incongruente Dr. Castro. No hay nada ya en Cuba que pueda alegrar la vida, o por lo menos hacerla vivible, si se exceptúan alguna re furtiva amasada en pocas casas, o bis bliotecas, objeto de una propaganda que no engaña a nadie.

Insisto en decir que el Dr. Castro y su trasmochado cuanto destructor comunismo, pasarán al ocaso muy pronto. Más, la nueva fase de rectificación no dictará, por esta desaparición, la solución deseada. La destrucción de la obra de medio siglo que había colocado a nuestro país entre los mayores productores del mundo, no será fácilmente reparable, Será necesario un esfuerzo colectivo su previamente abnegado, sobrehumano casi, y tenazmente continuo. Creo además que después de estos 3 años fatales será preciso pensar en reafirmar nuestra independencia política al tiempo que vayamos recuperando nuestra personalidad económica. Nadie nos amenaza, pero debemos reconocer haber probado ser nocivos.

Castro ha destruido toda esta obra viva y si hay algo que todavía parece resistir, se halla carcomido, o sin linfa, sin alma. La tiranía política cuando se extiende a la economía, rebasa todos los límites. El mal hecho a Cuba no sólo existe en esencia; vive en potencia. Violenta inconciencia ha destruido el presente y ha puesto en grave aprieto el porvenir. Ha roto la contextura íntima de todos los cubanos. En la parte material se ha perdido mucho, en lo moral todo. ¿Que quién confiará, en el futuro, en nuestras instituciones y en nuestras garantías?

El pueblo cubano en su totalidad, sólo apelando a sus grandes virtudes ancestrales, podrá eliminar en parte y con el tiempo los males reales que hoy sufre, y desvanecer los tristes augurios en perspectiva. Mi larga vida y el hecho de hablar pensando sólo en el bien público, me dicen al oído que la retirada del Dr. Castro no significará nada, sí gobernantes y gobernados no se apresuran a hacer esfuerzos inauditos, para salvar la patria. Hay que reformar las costumbres, para alcanzar una resurrección moral y política más o menos completa. Hay que ser muy distintos de como se ha sido. De lo contrario, oídme bien, con Castro o sin Castro todo está perdido. El pueblo debe cesar de representar el papel de títere que parece gustarle, aplaudiendo al bufón de turno, y sobre todo hay que le reparte unos centavos robados a otros ciudadanos.

¿Cuál es pues el primordial deber de los adversarios del Dr. Castro? Apelar al pueblo. Las elecciones representan el primer paso hacia la redención cubana contra la barbarie asistente. A la frase de los regímenes absoluto: 'Elecciones, ¿Para qué?' debemos contestar: 'La voluntad del pueblo es la ley Suprema'.

El pueblo en un par de meses después de la fuga de Castro debe ser llamado a elegir un gobernante provisional. Mis conocimientos en la materia me indican que el gobierno provisional rápidamente elegido debe contar con un buen número de representantes, no superando sin embargo las necesidades del momento ya que el número excesivo trae como consecuencia la irresponsabilidad. Durante los primeros dos meses estimo que podría ser el gobierno el grupo revolucionario formado en el exilio, o el dictado por las circunstancias. En este periodo de dos meses lo más importante será organizar la elección del 'gobierno de la regeneración', provisional también, en cierto modo, pero electivo, y no, como el actual, abusivo y tiránico, típicamente fascista y totalitario. Así, mientras al primer grupo gobernante no se le puede acordar otra encomienda jurídica que la rectificación de algunos abusos y violaciones, al segundo habrá de exigírsele la tarea de la gran restauración institucional. Inherente a los dos períodos indicados, se encuentra en consecuencia, la obligación de realizar la doble elección, la de breve período provisional y la más importante, al terminar los dos años de restauración definitiva.

Me sugiere esta larga provisionalidad el interés popular, o sea la necesidad de que el pueblo mande, y es dictada a mi espíritu por el abusivo descaro del presente. Una elección de una cuarenta de gobernantes, hecha por medio de listas nacionales, es cosa fácil y puede realizarse en menos de 2 meses, mientras que una reorganización total de nuestra vida pública, sobre los actuales escombros necesita por lo menos de 2 años. Cuba no puede añadir a los 3 años ya pasados, dos años más de provisionalidad antidemocrática. Es preciso, indispensable un voto popular inmediato que diga quiénes son los hombres que deben guiarla en las horas más difíciles de la reconquista de la libertad.

Este segundo periodo de 2 años debe ser muy laborioso y decidido. Habrá que volver, digo sin temor, al 20 de mayo de 1902 porque cuando el país pueda contemplarse a sí mismo y le esté permitido al cubano volver a ser hombre, se conocerá mejor el daño que en todo los campos hemos sufrido en estos 3 años de loca dictadura.

Los regímenes anteriores a Castro a su vez han tenido también sus graves errores y crímenes de lesa patria que deberán ser convencido a toda costa: me refiero sobre todo a la deshonesta administrativa y al dominio del Ejército sobre el gobierno civil o sea a los típicos males de toda la América Latina, aunque en nuestro país la deshonesta haya sido mayor y el dominio del Ejército fuera disfrazado por la carrera fantástica del general Batista, que siendo militar, quiso aparecer civil y democrático en algunas fases. Estos dos males deberán ser rectificado fundamentalmente, al mismo tiempo que desaparezcan las huellas castristas. Esta idea no es nueva en mi mente.

Al Dr. Carlos Saladrigas, de paso por París, cuando era primer ministro en el gobierno del general Batista, entregué un proyecto amplio de reformas en el cual ponía como primer número la reforma de la Hacienda Pública, supri-miendo el ministro y dividiendo el Ministerio en 3 ramas: la bancaria; la referente al cobro de los impuestos; y la de los pagos. Los jefes de estas 3 ramas, yo proponía, debían constituir un Consejo director de Hacienda, siendo funcio-narios permanentes inamovible. Podría ser sancionado en sus faltas administrativas sólo por el Tribunal Supremo. El presidente de la República, la Cámara, el Senado y cualquiera de las instituciones públicas o privadas tendrían derecho a formular acusaciones contra dicho Consejo o contra cual-quiera de sus miembros, ante el Tribunal Supremo. Además, proponía la creación de otro consejo más numeroso, pero sin pasar de 20 miembros, de carácter consultivo, compuesto de banqueros, industriales, hacendados y corporaciones obreras. Repito que tal consejo sería consultivo; por tanto, sin autoridad pública, pero llamado a dictar su parecer en todo asunto de importancia, parece u opinión técnica que debería siempre ser insertada en el decreto correspon-diente, aún en los casos en que no concordase con la parte resolutiva del mismo. No sé si un engranaje como el que indiqué a Saladrigas, para someterlo al presidente Batista sería suficiente a frenar la desmedida codicia de algunos; se podría acudir también a otras duras prescripciones a fin de ayudar al pueblo en la persecución de los altos delincuentes.

En relación con el Ejército, mis consejos fueron aún más radicales: disolverlo como unidad. Y mantener un cuerpo de artillería y de vigilancia de las costas, autónomo, aunque bajo el supremo mando del presidente de la República; un regimiento de caballería y uno de infantería a las órdenes de un coronel cada uno, sí jefe común. En cambio, india caba que la guardia rural debería constituir la verdadera fuerza del Estado, con un jefe civil; que sus graduaciones no deberían ser militares sino las que usan con diferentes nombres muchos policías de grandes países europeos. Sin ofender a nadie debo decir que mi experiencia es que el traje militar enorgullece a los hombres, los hace agresivos, violentos y por consecuencia abusadores.

Sí hoy, cómo lo deseaba yo hace más de 8 años, tenemos el valor y la inteligencia de comprender, que borrada la locura del Dr. Castro, los peores males provienen de la inmoralidad administrativa y de la organización militar sin fin patriótico alguno en la América Latina, y si tenemos la energía de poner remedio a estos males, habremos dado un gran paso en el camino de la civilización.

Pero esto no es todo. En tiempos de Batista y sus inmediatos predecesores, a pesar de los graves defectos de estos presidentes, la marcha del país iba hacia un mayor enriquecimiento, mientras que en el periodo de Castro ha avanzado hacia el hambre, la miseria general. Al amparo de aquella riqueza se realizaron actos y se crearon instituciones que son útiles sólo cuando son bien dirigidas. Una de estas ha sido la de la moneda y el Banco Nacional. El terremoto castrista ha probado como el bien puede surgir el mal.

El Dr. Leopoldo Cancio, profesor de superior calidad de Economía Política y Hacienda Pública, un día en que salíamos de la Universidad después de un examen de grado, me habló sobre un problema de momento, provocado por la presencia de un francés que es respaldado por grandes banqueros internacionales, promovía la creación de un Banco Nacional cubano. Debo decir que se trataba de un bajá cristiano, llamado Bolo, fusilado más tarde en una tétrica mañana en el bosque de Bolonia, en París durante la guerra de 1914 a 18, por haber mantenido relaciones financieras con el enemigo.

En breve diré que Cancio y yo nos manifestamos contrario a la creación de dicho Banco de Estado. Al despedirnos, al ir cada uno a nuestros quehaceres, me dijo canción: 'Yo soy conservador, y mientras vivo no habrá gobierno extraído de mi partido, que constituya una institución de tal género'. Le contesté: 'Le prometo lo mismo a título de liberal y de miembro del Ejército Libertador, porque sería un crimen establecer un Banco de Estado más en América Latina, cuando todos los habidos han quebrado, una o más veces'. Canción tuvo su palabra; yo no pude cumplir.

La quiebra de nuestro Banco de Estado se ha presentado con el Dr. Castro, después de haber cumplido precedentemente sus funciones muy mediocremente, sin excluir iniciativa del todo erróneas. Más que su propia quiebra esta institución ha desarrollado una acción nefasta, ha servido de instrumento de destrucción, de rapiña, de latrocinio de todos, los abusos la moneda función primordial de los de los bancos del Estado en Cuba puede considerarse hoy un objeto de burla en la forma de terror en el fondo.

Creo que no ha habido en la vida pública del mundo escena más abyecta para un ciudadano que la de las largas colas yendo a entregar sus ahorros o los restos esquilmados de

38

fortunas, forjadas con un sudor de los padres, a funcionarios estúpidos, odiosos inquisidores que expresaban su alegría ante los dolores de viudas y huérfanos, o de ancianos adoloridos.

¿Qué podrá hacer el Gobierno popular electivo para rectificar este crimen bancario en la obra de las grandes rectificaciones? En la situación que se presentará, el Banco del Estado será indispensable ya que entrados en un callejón sin salida, indispensable será una mano rectora que nos haga volver al buen camino, o sea a la formación de una moneda sana, y no a un instrumento vil de capricho defraudador y de odio, cuando no del aprovechamiento sórdido, como sucede ahora. He pensado siempre que estos bancos de Estados debieran ligarse entre sí internacionalmente, ya que dado los activísimos intercambios de mercancías y de capitales entre los pueblos de la tierra, las instituciones que presiden tales funciones deben ofrecerse garantías recíprocas y ser manejada con igual prudencia y decencia. Más no es posible por ahora un entendimiento de este. Tampoco será posible unir con obligaciones recíprocas a los bancos del Estado americano, aun siendo los que más necesitan de reglas sanas y fijas. Yo sugeriría entonces una convención entre nuestro nuevo Banco de Estado y el Federal Reserve Bank de los Estados Unidos.

Creo en la conveniencia de lo que indicó, ya que lo peor de la herencia del Dr. Castro será la desconfianza universal (Rusia inclusive) contra Cuba, y mi sugerencia constituiría la prenda de garantía de la nueva Cuba al crédito internacional.

En esta parte económica y financiera no sabemos aún qué es lo que nos dejará el presente régimen, si régimen puedese llamarlo. En esta hora, podemos adelantar que habrá que resolver con toda justicia los problemas de los campesinos y de los inquilinos. El de los ingenios de azúcar aparece fácil dentro de los principios de la iniciativa privada. La pequeña industria y el comercio encontrarán mayores dificultades para retornar al buen camino. La ganadería podrá debatirse entre la deficiencia de capital y el poco interés de los antiguos propietarios que seguían antes, en los amplios potreros, más por tradición de familia que por ganancias abundantes. No debemos engañarnos, precisa repetir, que el daño que nos ha hecho el joven inexperto y mal preparado, con su locura con sus visiones fugaces y contradictorias, es inconmensurable. Toda la voluntad de nuestro pueblo será poca para volver al bienestar de antes y a meternos en los caminos de progreso.

Los préstamos, los auxilios de Norteamérica, las limosnas pedidas a título de país poco desarrollado deben ser agradecidos, pero no nos levantarán. Sólo nuestro pueblo, realizando un supremo esfuerzo puede salvarse a sí mismo y a las generaciones futuras. Para borrar las locuras, ligereza, tontería y vanidades de este último periodo se necesita una gran honorabilidad y mucha sabiduría, virtudes y trabajo. De quererse volver a los asaltos al poder, a los golpes de Estado, a la charlatanería, a las divisiones y subdivisiones, estaremos perdidos definitivamente.

Otro problema más grave aún es el de la cultura. Creo que después del económico, es el más difícil de resolver. Durante los últimos años ser estudiante ha sido una actividad pública más que una preparación profesional. No por ello debe acudirse a medidas de rigor. La libertad aplicada íntegramente resuelve sus males. Basta abolir con decisión toda intervención estadal en materia universitaria para rectificar los errores del pasado. Pero toda intervención… El Estado podrá sólo intervenir en un examen técnico por el trámite de las asociaciones profesionales, trámite definitivo para obtener el título. En el pasado se ha mantenido las universidades con abundante dinero del del Erario para que actuase a capricho de pocos y fuera de los límites profesionales; y este abuso vulgar era considerado como alta manifestación de la cultura libre. El resultado de esta anomalía ha sido el bajo nivel de conocimiento de muchos de los mal llamados hombres cultos de nuestro país. Elevando el Estado a altas cifras las becas estudiantiles bien merecidas por los estudiosos necesitados y dejando libre las instituciones necesarias se puede resolver este gran problema básico de nuestra civilización. Después de un cataclismo sin embargo, todo resulta difícil, y las rectificaciones graduales y las enmienda sucesiva debe ser indicada por los daños sufridos. Sólo, repito una vez más, la vigorosa decisión de un pueblo podrá remediar los males existentes, y vencer el hambre como hay no ignorancia.

Cada uno de nosotros puede pensar libremente, pero frente al peligro común precisa una absoluta unión ciudadana. Esta unión será nuestra fuerza y remediará nuestros males. Soy un liberal que se estremece al oír que el Estado va a intervenir en tal o cual actividad pública que no sea la de distribuir justicia y mantener el orden, pero un liberal que no odia al comunista, cuando éste no odia a la humanidad. Toda revolución, a su vez es útil cuando tiene como fin el bien general. Más las revoluciones dirigidas por tiranos no son tales; deben calificarse de brutales reacciones. El Dr. Castro es históricamente un Masaniello, el vendedor de pescado que a mediados del siglo diez y siete, en Nápoles se rebeló contra un impuesto; hablo desde el frente de su casa hasta desgañitarse; se envaneció con los aplausos que en su elocuencia disparatada no merecía, pues hablaba contra las reglas de toda sintáxis y los principios de toda lógica. Es curioso que, entonces también estuvo mezclado un Guevara en el asunto. Masaniello resultó un paréntesis, como sucede con todos aquellos que sustituyen el talento con la audacia. Pero Masaniello no fue un bebedor de sangre. La diferencia es merece ser constatada.

El Dr. Castro puede declararse marxista-leninista o lo que quiera. Sus víctimas pueden calificarle de delincuente o alocado. La verdad es que el hombre de las medallitas es algo extraño, enemigo de su patria y hasta del género humano.

El pueblo de Cuba ha sido víctima de un engaño, que lo ha hecho retroceder de muchos años, y por tanto debe ahora actuar con energía y nobleza de ánimo a fin de cambiar el mal en bien, las palabras tontas y las promesas falaces en hechos útiles y en reformas eficaces. La unión de todos, el mayor vínculo ciudadano debe sustituirse a los odios brutales, a los asesinatos, a las vanidades estultas, al lenguaje que ofende la gramática y la idea de bien. No quiero dudar de su éxito para no ofender al pueblo cubano, pero veo muy difícil su labor. El ciclón castrista que ha azotado a Cuba y la ha reducido a la miseria general, a pesar de la insignificancia de los que han guiado, ha sido impulsado por una inconsciencia tal que si un esfuerzo desinteresado y vigorosamente fecundo no, dejará borrar sus destrozos y su ignominia.

**El Dr. Castro ha engañado a todo el mundo**; a las masas burguesas, a los millonarios de Cuba —recibiendo cuántos auxilios—, a los campesinos a los obreros, a los Estados Unidos en los primeros tiempos especialmente a su prensa, a sus funcionarios del bullicio publicitario, y más tarde a Rusia y a China, esta más fácil de ser burlada, y por último a un grupo de seudos intelectuales, más amantes de la novedad deslumbrante que de la ética y la estética. Pero el famoso apotegma se impone todavía al mundo civilizado: No se puede engañar a todos y en todo tiempo. El *redde rationem* está cerca. Ya no hay comida, ya no hay dinero para comprar aplausos, ya no hay crédito, ya no hay más mentiras, ni esperanza para los ingenuos, ya no hay mayores crueldades a que apelar.

ORESTES FERRARA

# REGRESO A ITALIA

Palabras del profesor Orestes Ferrara pronunciadas
en la radio al llegar a Roma[2]

Al volver a Italia donde nací, y cuyas periódicas visitas han animado mi larga vida, quedo admirado del desarrollo económico de estos últimos años que puede calificarse por los beneficios y rápido, de milagro italiano. Este país que el dominio secular extranjero había tenido durante una larga época en miseria penosa, borra en efecto el injusto castigo histórico y vuelve a su bienestar del periodo de la antigüedad clásica y del Renacimiento. El vigor de los fabricantes de lana, de los banqueros honorables, de los navegantes atrevidos resurge animado por las instituciones libres, con los importantes corolarios de la unidad de la patria y la mayor cohesión de los pueblos todos.

El visitante que viene hoy a la hermosa península y a las islas que la contemplan para hacer el centro del Mediterráneo, no necesita de análisis muy detenido para comprender que sobre este bien dibujado territorio una población numerosa, amante del trabajo, con propósitos civilizadores marcha hacia una vida colectiva de nobles satisfacciones y ordenado bienestar.

Al saludar esta inteligente afortunada labor y congratular por tanto éxito a Italia yo que amo ardientemente a mi patria de adopción, la República de Cuba, y con ella otros países que España, factor importante de la evolución

---

[2.] Publicamos este brevo breve discurso por creerlo educador en el actual momento cubano, finales de 1961 (Nota del editor).

humana, revivió, les presento este gran ejemplo a seguir, con la esperanza halagüeña de alcanzar los mismos resultados. Esperanza tanto más prometedora en cuanto a que los países a los cuales me he referido son ricos de materias primas y su suelo es de una fertilidad pasmosa.

Ciertamente el ejemplo no basta de por sí sólo; es necesario la voluntad de los pueblos y la acción del gobernante. Este debe abandonar los trasnochados nacionalismos, el egoísmo ciego, tan adverso a la comunidad humana; debe sobre todo considerar que la política y la economía, (las dos ramas principales de la gobernación) no se basan sobre dogmas ni principios abstractos, sino en el estudio de la evolución continua de la autoridad común. El utopismo, muerto como expresión verbal, debe perecer también como idea para no confundir vanas esperanzas con imperiosas necesidades.

Es preciso reconocer, sin embargo, que en los países de habla española no abunda uno de los elementos esenciales de la gran producción; me refiero al capital. La economía moderna, por su desarrollo mecánico, ha elevado el capital a su máximo factor. Pero este factor que representa la utilidad benéfica que el pasado proyecta sobre el futuro, se encuentra en abundancia en el mundo actual. Junto a países necesitados hay otros pletóricos que deben emplear el exceso que poseen a fin de vivir más desahogadamente. La armonía entre los dos contrastes se encuentra fácilmente si el que pide es serio y ordenado, y él queda, comprensivo y honrado, o sea si ambos conocen cuál es el camino del propio interés.

No hay duda pues que la que la América Latina y todos los otros países necesitados pueden recibir los créditos que les sean útiles, practicando la política del respeto a los pactos firmados y a las reglas de bien público. En nuestra época, en los regímenes de libertad, es hasta fácil enriquecerse. El portentoso desarrollo económico de este siglo lo prueba, no obstante, las perturbaciones bélicas. El Mercado

Común Europeo lo está confirmando y lo confirmará aún más ampliamente en el futuro.

Hablando desde Italia la presentó como el mejor ejemplo de optimismo. Ella no ha batido a ninguna puerta, usando el título envilecedor de nación subdesarrollada. Ha recibido, si, auxilio después de la última guerra destructora y, luego créditos a medida de sus necesidades, pero su éxito excepcional se ha producido como consecuencia de haber practicado en lo posible la fórmula clásica de la libertad económica.

Las reglas generales que creó el periodo moderno de gran riqueza, le han servido de guía. Las tres libertades básicas que nunca deberían ser olvidadas, las ha practicado, repito en lo posible. No ha tenido miedo a que sus habitantes aumentaren excesivamente; no ha recelado de que las exportaciones de otros países ahogasen sus mercados; no ha creído que el capital que viene de fuera perdurará eternamente en su territorio. Las tres libertades, de la circulación de los hombres, de la mercancía y de capital le ha servido de lección dictada por la historia de nuestros días.

El amor a esta tierra sobre la cual el sol de las civilizaciones no conoce el ocaso redoblado a ver sus éxitos impresionantes, (monedas robusta, capitalización fija y circulante que supera sus necesidades, maestranza de obreros de primer orden y un cuantioso consumo) me obliga a presentarla como ejemplo a mis países queridos, y especialmente a la tierra donde he luchado, que he servido con devoción y que continúo haciendo objeto de mis mejores alientos a pesar de la hora tétrica que pasa.

# LA ÚLTIMA VISITA A CUBA[3]

*«Ferrara luchador con gallada genialidad italiana por la libertad y la cultura de Cuba».*

Fernando Ortiz

La vida del político y escritor italiano cubano Orestes Ferrara Marino (1876–1972) parece marcada por su carácter polémico. Desde su llegada a la Cuba para pelear por la independencia contra el dominio español, pasando por los días nefastos del régimen de Machado hasta su participación en la Convención Constituyente de 1940, Ferrara se vio involucrado con numerosos acontecimientos controversiales: conspiraciones, alzamientos armados, duelos, atentado y discusiones retóricas, los que le ganaron fama de temible y astuto contrincante para sus adversarios políticos. Un extenso anecdotario, verdadero o apócrifo, da fe de sus artificios verbales y su mordaz elocuencia.[4]

En el presente texto se aborda un pasaje de su vida poco conocido, pero no menos resonante en sus contenidos polémicos. Se trata del breve viaje que realizó Ferrara a La Habana en 1955, tras una dilatada ausencia de 14 años, cuando representó a Cuba como embajador o enviado especial en

---

[3.] Orestes Ferrara. La última visita. por Félix Julio Alfonso, Dr. en Ciencias Historicas y coordinador asistente del Colegio Universitario San Gerónimo de La Habana.

[4.] Aunque no será objeto de análisis en este trabajo, no quiero dejar de señalar la condición intelectual de Orestes Ferrara, que ha sido revalorizada por el investigador Roberto Méndez Martínez en su artículo «Orestes Ferrara escritor», donde afirma: «no era Ferrara un simple político, ignorante y venal como muchos de los que le rodeaban. Era un jurista experimentado, un diplomático sagaz y un hombre de conversación culta y llena de ironía, pero además era un verdadero escritor (...) si su prosa no es demasiado suntuosa, si está libre de adornos inútiles y resulta persuasiva, por la habilidad para colocar las informaciones y dejar que estas parezcan que hablan por sí solas». Puede consultarse en: www. Habanaradio.cu. Algunas de estas anécdotas aparecen recogidas en el sitio web orestesferrara.com.

varios países europeos. El arribo de Ferrara procedente de Miami, se produjo el miércoles 5 de enero de 1955 sobre las cuatro de la tarde en un vuelo de la Pan American, pero desde días antes la prensa informaba de su inminente llegada, elogiando una intervención suya en una conferencia de la Unesco celebrada en Montevideo.

Para un periodista del diario *El País*, la visita del anciano coronel mambí «ha de constituir el primer gran acontecimiento político del naciente año 1955», y se alegraba de su visita «porque las nuevas generaciones no han tenido ocasión de conocer de cerca la enérgica e intensa gestión de este mosquetero de nuestra libertad y nuestra democracia».[5] De hecho toda la prensa nacional se movilizó para dar cobertura a su llegada y divulgar los incidentes relacionados con su estancia.

*Orestes Ferrara a su llegada a Cuba,1955. Acudierón a recibirlo destacados intelectuales y políticos, Jorge Mañach, Carlos Miguel de Céspedes, Enrique Alonso Pujol, José Manuel Cortina y José Manuel Vázquez Bello*

[5.] Gustavo Herrero «regresará el próximo miércoles, a la patria el Dr. Orestes Ferrara tras, 14 años de ausencia». *El País*, La Habana 3 de enero de 1955. Toda la información de prensa, salvo que se indique lo contrario, ha sido tomada de los recortes que obran en la Colección Facticia de la Biblioteca de la Oficina del Historiador de la Ciudad, tomó 213.

El momento de pisar suelo cubano fue muy emotivo, y acudió a recibirlo un variopinto grupo de más de 200 personas, algunas de ellas muy cercana al entorno del gobernante de facto Fulgencio Batista, entre los que se destacaba el coronel Evelio Miranda, jefe de los ayudantes del dictador; el doctor Gonzalo Güell, subsecretario de Estado, y Rafael Guas Inclán, presidente del Partido Liberal. Además, asistieron viejos compañeros de armas, como el general Enrique Loynaz del Castillo, el coronel Charles Aguirre y el comandante Santiago Trujillo. Completaban la comitiva de recibimiento destacados intelectuales como el ensayista y profesor universitario José Mañach, junto a políticos locales entre los que se encontraban Carlos Miguel de Céspedes, Enrique Alonso Puyol, José Manuel Cortina y José Manuel Vázquez Bello.

Según la crónica periodística, en general Loynaz gritó, abrazando a su antiguo rival «Viva el gran cubano coronel Ferrara» a lo que aquél respondió con vivas al autor del *Himno Invasor* y a Cuba amo habíamos pillado y perdonado aquella vez en que, un lance caballeresco: «Loynaz había recibido una herida grande en la cabeza y, enardecidos lleno de ira y sangrado abundantemente, no obstante haberse dado por terminado el combate, corrió veloz, arma en ristre, hacia Ferrara en tanto gritaba a voz en cuello: "lo que no me hicieron los españoles en la manigua me lo hizo este maldito italiano". La agresión no sin esfuerzo fue frustrada gracias a la intervención de varios espectadores».[6] Como gesto simbólico de bienvenida, una comisión presidida por Roberto a París, Mario Junco y Teresita Tant, le hizo entrega de una bandera cubana.

Las primeras declaraciones del abogado italiano fueron de un fuerte tono melancólico, proclamando su deseo de

---

[6.] Ciro Bianchi Ross: «Duelista» HTTP: wwwcirobianchi.blogia.

encontrar «en esta tierra donde no nací, pero donde forjé toda mi vida, la tumba en que descansaré».[7]

Disipando cualquier motivación de índole política, expresó: «Mi regreso a Cuba obedece exclusivamente a las ansias que tenía de retornar a mi patria después de tantos años de ausencia», aunque dejó abierta la posibilidad de su mediación en «cuantas gestiones sean necesarias que tiendan a unir a todos los cubanos».[8]

No pasó desapercibido el hecho de que, para trasladarse a su casa, Ferrara utilizara el automóvil del Dr. Guas Inclán, un viejo conocido de los años 30 y ahora muy cercano a Batista, el que además había sido electo vicepresidente de la República. El profesor de Historia de América de la Universidad de La Habana, Herminio Portell Vilá, se encargó de hacer notar el continuismo político de los antiguos machadistas que dieron la bienvenida a Ferrara y su protagonismo en el momento actual:

Además de los mayoristas Portell Vilá señala el número de abecedarios que se habían sumado al carro de Batista: Ramón Hermida, titular de Gobernación; Joaquín Martínez Sainz, presidente del Banco Nacional; Alfredo Nogueira senador electo; Carlos Saladrigas, exprimer ministro del Trabajo y senador electo, llegando a la conclusión de que:

«Si pasados 21 años apenas aquella dura intransigencia política de gobierno y oposición que vivió Cuba de 1927 hasta 1933, nos encontramos con una tan completa reinversión de los alineamientos políticos de entonces para una alianza de amigos de Machado con los personajes del ABC,

---

[7.] «Mi llegada a esta tierra querida me produce extraordinaria emoción. Cuando por primera vez llegué a Cuba, era muy joven, y no flotaba aun la bandera republicana de la estrella solitaria, y por este país luché sin cansancio ni fatiga, para que fuera libre. Yo quiero encontrar mi tumba, aquí y vengo a prepararla porque en este país es en el que quiero morir». *Información*, La Habana 5 de enero de 1955.

[8.] «Vengo con la frente alta y el corazón puro» *Avance*, La Habana 5 de enero de 1955.

de la Unión Nacionalista de los menocalistas y hasta de los universitarios, qué es lo que hoy está en el poder en Cuba: ¿Qué nos tocará ver en los próximos 20 años?».

*Orestes Ferrara junto con el General Máximo Gómez*

También debió despertar cierto recelo entre los analistas de la escena política nacional el hecho de que Ferrara, interrogado sobre si pensaba visitar al presidente electo contestó: «Eso es para mí un deber espiritual». El general Batista, en el poder por la fuerza desde marzo de 1952, había convocado a elecciones generales para el primero de noviembre del 1954, que culminaron con su elección presidencial; pero este intento de legitimar en las urnas su gobierno no había traído la paz a la sociedad cubana, principalmente por el carácter fraudulento de dichos comicios, plagados de irregularidades y realizadas con una sola candidatura, la de Batista ante el retraimiento de su oponente, el doctor Ramón Grau San Martín. En medio de una atmósfera tensa, las primeras declaraciones de Ferrara sobre este particular fueron conciliatoria, y pidió a la oposición que reconociera el gobierno electo, a tiempo que negó que su vida estuviera por fin que realizar alguna misión de cordialidad nacional.

La anterior aseveración tenía su origen en el hecho de que, en su viaje a La Habana, Ferrara se había detenido en Miami, donde había sostenido una entrevista privada con el expresidente auténtico Carlos Prío Socarrás. En las declaraciones del embajador este señaló que: «La oposición en el propósito revolucionario, está fracasada y desistida (…) existe una pugna de recelos de sus operaciones heroicas entre los distintos grupos oposicionistas, que se vigilan en su afán de desplazamiento hegemónico» En su criterio, y a pesar de la discrepar en sus puntos de vista: «El grupo que orienta o dirige el Dr. Prío es el más caracterizado». En conclusión, las simpatías de Ferraras, se inclinaban en ese momento por el líder auténtico como «el principal factor aportante al empeño de la pacificación de los ánimos cubanos, aunque los demás núcleos persistan en su porfía divisionista y enervante».

*Orestes Ferrara junto a su coterráneo y amigo Guillermo Petriccione, que como él, en la guerra independencia cubana.*

Ya instalado en su hogar del Vedado, el fastuoso palacio ecléctico conocido por Dolce Dimora, Ferrara redactó documento que distribuyó a la prensa, en el que narró los pormenores de la entrevista con Prío en los términos siguientes:

«Recibido con la cordialidad que le es peculiar, aumentada por el recuerdo de nuestro compañerismo de la Convención Constituyente, le expresé todas las ideas mías, al propósito de aclarar y jugar la polémica política que se debate. Mi peroración fue larga, pero puede resumirse en una frase: la elevación a los cargos públicos se alcanza por procedimientos jurídicos que una vez logrados son definitivo. Si una de las partes se abstiene o lucha sin reglas ni concierto, su culpa no se extenderá a los actos realizados ni a los demás contrincantes. Le añadí, como conclusión, que la paz de una democracia supone el reconocimiento pleno del gobierno existente por parte de la oposición, y por parte del gobierno, una gran tolerancia hacia la oposición, si es posible la aceptación de su colaboración constructiva. El expresidente me contestó con palabras serenas quejándose de actos pasado y expresando alguna desconfianza hacia el porvenir: ¡la eterna desconfianza de los que luchan en el campo puestos!».

Para otros cronistas de la prensa, el regreso de Ferrara lejos de implicar una fórmula mediadora, constituía un hecho que polarizaba una parte de la vida pública cubana: «porque precisamente su nombre ha estado en el ambiente de los últimos días, situándolo como uno de los posibles colaboradores del régimen constitucional que, a partir del próximo 24 de febrero presidirá el general Fulgencio Batista».[9] Esta última posibilidad era ciertamente remota, pues, como el propio Ferrara tuvo ocasión de comprobar,

---

9. *Ídem.*p.47.

55

los antiguos miembros del Ejército Libertador eran los políticos republicanos «una morosa carga que el pasado hacía pensar sobre el porvenir (…) Los nuevos gobernantes no tenían ya nada que ver con la Revolución Libertadora, a la que sólo le acordaban una formal adhesión platónica».[10]

Sin embargo, no todas las voces se alzaron para celebrar el regreso del antiguo político liberal, o esperar su posible intervención en el espacio público.

Uno de sus más acerbos sensores lo fue el periodista ortodoxo José Pardo Llada, muy crítico entonces del régimen de Batista quien afirmó que: «Teatral en todo, Ferrara hizo preceder su arribo de una sorpresiva entrevista en Miami con Carlos Prío Socarrás.

(…) No solamente recibimos al Genio ausente, que retorna al escenario de antiguas andanzas cargado de libras y de libros, sino al presunto ejecutor de una maniobra de alto vuelo (…) Así es Ferrara, ruidoso y efectista». Además, deslizó la sospecha de que Batista lo recibiría con «suma cortesía», pues el italiano «cobraba como embajador especial» y auguró que:

*Ferrara en la Liga de las Naciones (izquiera a derecha), el cuarto sentado*

---

10. *Ídem*, p. 484.

«Así transcurrirán varias semanas. Concederá diez o doce o entrevistas. Acuñará unas cuantas frases. Repetirá innumerables chascarrillos anecdótico. Asistirá a numerosas recepciones sociales y a la toma de posesión de Batista, de quien ha dicho que es uno de los hombres más grande que ha conocido. Ironizará A cualquiera de sus adversarios pretérito. Tal vez dicte alguna conferencia. Y luego otra vez a Europa, para seguir posando como el gran Genio ausente».

A pesar de sus cáusticas palabras, Pardo Llada termina su artículo dando la bienvenida a Ferrara, siquiera fuera para brindar «el espectáculo grato de su ancianidad verbosa y discrepante (…) Venga Ferrara a animar con el contraste de sus gracias de *condottiero* y los chispazos de su dialéctica, las brumas de un horizonte político sin perspectiva ni originalidad. Venga, en fin, a desentonar si se quiere, en el coro de consejeros áulicos de Kuquine —muy inferior, por supuesto, a la medida de su inteligencia—. Pero dentro de una negación de las loas y ditirambos que la prensa prodiga al que llama «eterno *bon vivant* de nuestra República» Pardo Llada finaliza: «Dicho todo esto con diplomacia y con muchísimo respeto, damos la más cubana bienvenida al gran Figurón ausente».

Apenas unas horas tras su arribo, el autor de *Un pleito sucesorio: Enrique IV, Isabel de Castilla* y la *Beltraneja* desató las pasiones en su contra, a raíz de un haz de declaraciones que hizo para el programa de televisión *Ante la prensa* de CMQ, y que fueron reproducidas por la prensa habanera. El moderador de la entrevista fue Jorge Mañach, quien lo trató con cortesía, y lo acompañaron los periodistas Armando Suárez Lomba, Gonzalo Martínez y José Pardo Llada. Este último afirmó que había acudido ante las cámaras para complacer al doctor Mañach.

Pardo Llada trató de poner a Ferrara en situación de debatir y polemizar, pero según él mismo confesó: «La reiterada llamada al orden del morador, que acaté respea tuosamente, advirtiéndome el carácter periodístico del programa y la imposibilidad de conducir al invitado al terreno polémico, silenciaron aquella noche una réplica oportuna y necesaria». ¿Qué asuntos tan graves o delicados motivaron la frase de Pardo Llada? En dicho escenario televisivo, las afirmaciones de Ferrara fueron ciertamente tajantes en algunos casos y en otros particularmente sensibles a intereses políticos. Sin embargo, el propio Pardo Llada reconoce que:

«Sí Ferrara utilizó ese sofisma, sí practicó la profecía, sí evadió hábilmente cuestiones políticas, es materia que corresponde a críticos más exigentes. Ante el gran público, expectante por ver y escuchar una figura un tanto legendaria, de quien sólo se tenían referencia por su jugoso anecdotario, estimamos que Ferrara sorteó con éxito las preguntas formuladas, demostrando una independencia de criterio poco usual en nuestro medio».

Las declaraciones más problemáticas de Ferrara sobre la actualidad política pudieran resumirse en, primero, justificar el golpe de Estado del 10 de marzo del 1952. Para él, «El cuartelazo fue una solución que dieron algunos elementos a ver que el poder estaba moralmente desecho. El presidente del Prío había perdido el control del país (…)».

También, la excusa a militarismo: Soy contrario a la intromisión del Ejército en la vida pública, pero ¿Qué quesréis? ¿Qué los militares se queden en los cuarteles cuando vosotros mismos estáis predicando el odio entre los civiles y la guerra civil?». Incluye, las debilidades de la oposición: «Lo malo es que aquí no se trata de una oposición, síno de cien oposiciones, y cada una quiere que la otra ceda para poder sustituirla y aprovecharse». Y por último, las relacioh nes de la ortodoxia con él autenticismo: «Son dos grupos destinados a enfrentarse: la diferencia estará en que una de ellas encarnará el derecho y el otro la moral, que como es cosa elástica favorece a todo el mundo».

También opinó que debía sustituirse el Ministerio de Hacienda por un Consejo de Hacienda «libre de la inⁿ fluencia gubernamental», lo que sería beneficioso para la «normalización administrativa» en alusión a los desmanes sobre el erario público.

Quizás el criterio que mayor resquemor causó fue su aseveración categórica de que la Constitución de 1940 era «la más mala del mundo, por ser de tipo fascista, a pesar de la intervención de los comunistas en su confesión, ya que el fascismo y el comunismo son la misma cosa». Aquí habría que decir que también tuvo participación en las discusiones y aprobación de la Ley Fundamental, desde posturas de un liberalismo extremo, que sería rebatido por políticos reformistas más proclives al intervencionismo estatal en la economía y la redistribución de la riqueza, así como por los comunistas.[11]

Sobre su participación en este cónclave legislativo escribe en sus *Memorias:*

«Yo me proponía hacer mucho, por lo menos combatir lo que yo consideraba que eran errores. Pero el primero de marzo de aquel año se atentó sobre contra mi vida y, herido tuve que estar en un hospital durante dos meses, Habiendo regresado a la asamblea todavía sin cicatrizar mis heridas encontré cerrado ya el proyecto constitucional y hasta casi

---

[11.] En la Constituyente cubana del 40, en la que estuvieron representado todos los partidos y corrientes ideológicas del país, hubo que encontrar puntos de convergencia que sirvieran de puente entre dos tendencias políticas- filosóficas extremas. De un lado, el *laissezer -faire* individualista que abanderó, entre, otros Orestes Ferrara, devoto fervoroso del viejo liberalismo que sugiera en la Revolución Francesa. Y del otro extremo, la tesis colectiva defendida, principalmente, por el triunvirato de Roca, Marinero y García Agüero. Néstor Carbonell Cortina: «La Constitución de 1940, simbolismo y vigencia». 0187 página cuatro 17.http/lanic.utexas.edu

terminada la botella de las comisiones a pesar de ellos y hubiera batido en las reuniones plenarias para cancelar o por lo menos para disminuir la estatolatria del proyecto.

Pero (…) tuve que favorecer el proyecto en lugar de combatirlo, porque el mandato de la Asamblea tenía un tiempo limitado y vencía en una veintena de días. Yo tuve que unir mi voz a la de los compañeros que alegaban ser indispensable, no una Constitución cualquiera, a fin de evitar los abusos militares y neutralizar a los grupos armados. (…) Yo consideré como absoluto el plazo fijado y con dos actos decisivos mío hice avanzar el documento aborrecido hacia su terminación».[12]

Otras de sus declaraciones apuntaron hacia la incertidumbre del futuro político cubano, al asegurar que «para salir del estancamiento en las actividades políticas de nación (…) primero debe unirse la oposición y esto sólo puede lograrse cuando se depone las actitudes personales y se acepta el criterio de la mayoría, que es la forma democrática en que deben desenvolverse los partidos, ya que lo contrario es la anarquía» En torno al tema de la política azucarera, estimó que era «desaceptada, pues sólo beneficia a los hacendados y causa la muerte de Cuba».

Una opinión acorde al sentir general de la mayoría de la sociedad civil cubana fuera suya sobre los planes de dividir la Isla para construir un conducto similar al de Panamá, según el Decreto Ley 1618 de agosto de 1954, que autorizaba la concesión para construir un canal marítimo denominado Vía Cuba dicho proyecto preveía abrir un conducto de casi 100 km de largo y 40 de ancho con una profundidad de 50 ft entre la bahía de Cárdenas y de Cochinos, lo que requería de una costosa inversión de 500 millones de pesos y podría dar pie a lucrativos negocios por parte de la compañía concesionaria. Ferrara descalificó este proyecto

---

[12.] Orestes Ferrara. *Memorias,* Página 467.

llamándolo «inversión de Julio Verne, una locura que no puede tomarse en serio».

Un juicio que molestó a muchos, fue el relacionado con la figura de Batista, a quíen Ferrara considero «un hombre serio. Es un hombre de Estado y creo que no le gusta la política, aunque ama el poder». Si bien le censura algunos nombramientos hechos para su gabinete, especialmente en el cuerpo diplomático, al final su valoración sobre el general golpista es consecuente con sus ideas moderadas en política: «Batista ha representado siempre el orden y ha sido un serio obstáculo para el desarrollo de la anarquía».

En este punto tan sensible, la reacción de los líderes opositores fue inmediata y de explícito rechazo, Manuel Antonio de Varona, presidente del Partido Revolucionario cubano (Auténtico) expresó: «Hablar de que el hombre que rompió el ritmo institucional del país a sólo 80 días de unas elecciones convocadas por las ambiciones de poder y de enriquecimiento es un hombre de orden es una blasfemia de Ferrara». En tanto, el líder ortodoxo Manuel Bisbé fue más lejos para añadir «Decir que Batista representa la causa del orden es una burla y una falta de seriedad imperdonable, ¿qué orden representa Batista? ¿Acaso es el orden que surge del asalto a un cuartel y del quebrantamiento del orden institucional establecido y de las garantías democráticas fijada por las leyes?».

Como era lógico que sucediera, el coronel mambí visitó al general golpista en su lujosa residencia de la finca Kuquine, donde se admiró de su vasta biblioteca y le dedicó varios ejemplares de sus libros. Nuevamente comprobó los «avances» del «campesino de Banes», convertido en «hombre de Estado con seguro juicio, orador facilísimo en español y en inglés, escrito claro y preciso y poseedor de una de las mejores bibliotecas privadas que yo haya visto en Cuba y fuera de ella».[13]

---

[13.] *Ídem*, p. 488.

Poco sabemos de lo que se habló durante aquella entrevista, más allá de lo que el propio Ferrara narra en sus *Memorias* donde el asunto principal reside en la crítica a Batista por ejercer el poder de manera omnímodo y realizar sus propósitos «a través de funcionarios mediocres».[14]

Volviendo a las afirmaciones del jueves 6 de enero de 1955, Pardo Llada criticó severamente los juicios negativos sobre la Constitución lo acusó de haber evadido «mañosalmente» la reprobación del gobierno militar. Ferrara riposto con una carta pública dirigida a quien llamó «mi mayor adversario en esta hora», argumentando que «la opinión que emití sobre los preceptos reglamentarios, del todo impropio e inútiles, consignados en nuestra Constitución a favor de las clases trabajadoras, es justa (…) el bienestar del obrero no deriva de un precepto legal, sino de condiciones más complejas (…) las constituciones no deben ser programáticas, sino una suma de preceptos limitativos de la acción del Estado». Asimismo, añadió que se distinguía, un tanto sofisticadamente, entre un «gobierno militar y el gobierno civil surgido de un golpe militar».

El autor de *Mis relaciones con Máximo Gómez* también negó enfáticamente que hubiera tenido alguna relación con negocios ilícitos vinculados a compañías telefónicas en Turquía y Japón. Finalmente, en dicha misiva, Ferrara le hace un lago recordatorio a Pardo Llada sobre su pasado político, al que califica como «una hoja de honor de la cual no me desprendo y deseo que llegue al conocimiento de todos». Entre los hitos de su vida política que desea resaltar en esta misiva y que fueran investigados por su contradictor están:

(…) mi actividad parlamentaria, después de mi retirada voluntaria en las elecciones de 1922, (…) mi campaña presidencial del 24 a favor de Mendieta, mi negativa a

---

14. *Ídem*, 489.

aceptar cargos públicos después de la elección presidencial de ese año y mi apartamiento de la vida pública (…) mi conducta en Washington (…) el porqué de mi entrada en el gabinete de Machado, de mi previos combates por evitar su reelección (yo el único anti reeleccionista de todos los tiempos) mi discurso del Unión Club, presente el general Machado, de mis continuas relaciones con Juan Gualberto Gómez recogidas en un folleto y de la renuncia del general Machado, conseguida por mí un año antes de que la exigiera un embajador extranjero y retirada con mi protesta...[15]

Pardo Llada contraatacó centrándose en los puntos débiles o contradictorios de su interlocutor, recordándole a Ferrara su declaración, publicada en *Prensa Libre,* el 9 de agosto de 1947 donde esperaba que una «nueva acta de Chapultepec consignara el no reconocimiento de los estados americanos surgidos de las conspiraciones en los cuarteles. Asimismo, le reprochó lo inexacto de comparar el modo de vida de los obreros norteamericanos e ingleses, superior al de los asalariados cubanos, no porque aquellos carecieran de un reglamento social protectora, sino por el elevado nivel de desarrollo de ambas potencias «y la economía imperialista que las caracterizan».

Finalmente, le dice «Entre toda la frondosa reproducción política del doctor Ferrara en tiempos de Gerardo Machado, no tomé un sólo gajo para llevarlo al interrogatorio «Ante la prensa». Incluso escuché pacientemente y sin protestas, exaltaciones líricas de Ferrara a la libertad y las garantías individuales, olvidando sus responsabilidades como con un gobierno que llegó hasta el crimen conectar de mantenerse en el poder.

Desatada la polémica en torno a sus ideas políticas, jurídicas y económicas, en varios periódicos salieron voces en defensa y otras en franca oposición a un ideario que

---

[15.] Carta de Ferrara a José Pardo Llada, La Habana, 9 de enero de 1955.

consideraban obsoleto y conservador. Entre los primeros destaca el periodista y poeta Arturo Alfonso Rosselló, antiguo miembro del Grupo Minorista que no escatima elogios a la capacidad intelectual de Ferrara. Incluso concuerda en que «el liberalismo económico, tan maltratado por el sistema intervención estatal copiado de los regímenes colectivistas, produjo, mientras se aplicó sin deformaciones, la mayor felicidad para el hombre y la mayor prosperidad para los pueblos». En criterio de Rosselló el liberalismo es la libre comi petencia el imperio de la oferta y la demanda sin injerencia estatal, debían ser defendida por una pluma con la autoridad como la de Ferrara, quien le haría un bien señaladísimo a Cuba si sustanciara, con el talento y los conocimientos de que dispone, esa tesis correcta a lo largo de unos cuantos, artículos, con irrebatibles ejemplos históricos».

Apologista convencido y admirador de «polemistas de talento» se declaró Ramón Vasconcelos, estrechamente vinculado a Ferrara después de la caída de Machado[16] y hombre muy cercano al círculo de Batista, el que lo llama «gran señor, escapado del Renacimiento, de espíritu floe rentino más que napolitano» y reprocha a sus críticos que no le perdonan «su ferrarismo en la plenitud mental, en la agudeza de la réplica, en el coraje del ataque, en la inquietud intelectual, en la riqueza de su cultura, en la elasticidad de su talento». Para Vasconcelos, el longevo Libertador «cáustico a ratos, a ratos inspirado, siempre elocuente, como lo fue noches atrás en televisión, es un vivo espectáculo (…) Entre tantos valores transitorios, Ferrara es un valor permanente que todavía nos hace falta».

En otro momento Vasconcelos se refirió a que los entrevistadores de Ferrara en el programa de televisión *Ante la prensa* habían atacado su prestigio intelectual, y esta vez la respuesta vino de uno de los protagonistas de dicho

---

[16.] Ver las cartas de Ferrara a Vasconcelos después de la caída de Machado en el folleto de izquierda revolucionaria, *Los títeres de Ferrara, de 1935.*

espacio, José Pardo Llada, que admitió sentir admiración por los méritos intelectuales de visitantes, pero le increpa al propietario de *Alerta* que «armas dialécticas le sobran a Ferrara para quedar bien, ya no en una comparecencia unilateral, sino en abierta discusión con sus más calificados adversarios, pero sus antecedentes políticos no resultan tan pulcros e inexpugnables como para que se le coloque a salvo de responsabilidades históricas que todos recordamos» Concluyó Pardo Llada su llamado de atención a Vasconcelos en el sentido de que no debía confundirse «la buena educación con una presunta retirada polémica. La consideración guardada al anciano mambí no autoriza a que los viejos bonzos del machadísimo se desmanden insolentemente».

Centrado en replicar al autor de *Cicerón* y *Marabeau* sus diatribas al texto constitucional de 1940, el ministro de Hacienda Gustavo Gutiérrez expuso en una entrevista «Ferrara es uno de los pocos pensadores contemporáneos que cree todavía en el liberalismo absoluto y total del siglo pasado; insustituible como defensor de la dignidad humana, e inspirador de los derechos individuales, el liberalismo hace tiempo ha fracasado en lo económico y en lo social como fórmula mágica. La Constitución del 40 responde al pensamiento actualmente predominante en el mundo (…) de que el Estado intervenga para corregir las injusticias sociales y económicas.

Sobre el criterio de que debían acortarse las zafras y restringirse la producción, Gutiérrez sostuvo que «la políg tica azucarera cubana debe inspirarse más en el volumen y exportación de productos, que en el mantenimiento de precios altos». En cuanto a las críticas del embajador ante la Unesco contra el Ministerio de Hacienda y su propuesta de sustituirlo por una Comisión, su titular opinó que era «erróneo» e «injusto» achacarle falta de honestidad su cartera, pues la corrupción administrativa era «un grave mal nacional, heredado de la colonia y ampliado en la República». En su valoración, el problema no era tanto de «estructura y métodos, sino básicamente de moral pública y privada. Es más importante, a nuestro juicio, que los líderes de la cosa pública y de las actividades económicas prediquen con el ejemplo y que la sociedad sanciones a los enriquecido deshonestamente».

Otros comentaristas le censuraron a Ferrara que se hubiera abstenido de criticar las graves imputaciones de fraude que pensaban sobre las elecciones de noviembre de 1954, y que hubiera respaldado el triunfo de Batista. Antonio Llano Montes rememoró cuál había sido su actitud casi 40 años atrás, cuando el caudillo conservador Mario García Menocal le arrebató el triunfo a los liberales en las elecciones de1917, y reprodujo fragmentos de un memorando en que Ferrara solicitaba la fiscalización de los comicios por observadores estadounidense.

El pasado machadista del coronel mambí es algo que tampoco le perdonan a algunos periodistas, entre ellos José Luis Masso, el cual lo acusa de haberse enriquecido a costa del tesoro público y le recuerda que no fue el único extranjero que luchó por la independencia de Cuba. Encuentra absurdo que Ferrara intente normar la vida pública cubana, siendo «uno de los más grandes responsables del hondo abismo que se abrió a partir de 1927». Massó es tajante a decir que «aunque ahora quiera tejer las mejores frases, no podrá arrancar de su historia el flaco servicio que le hizo a la nación, cargando con aquella pirámide de muertes, caos y desolación que representó políticamente hablando, la regresiva etapa del machadísmo».

Pareciera que prácticamente todo lo que Ferrara dijera o pronosticara era fuente de discordia, incluso cuando hablaba a favor de algún representante de la política doméstica, como el caso del defenestrado Carlos Prío Socarrás, admirado por él desde los días de la Convención Constituyente.

Refiriéndose a su gobierno, expresó que aquél había caído por falta de propaganda, y porque el presidente constitucional no había tenido a quien lo defendiera.

Al paso le salió Conchita Castanedo de López, llamada «La novia del autenticismo», que arremetió contra Ferrara lamentándose de que «Tan culto en lo literario y tan inteligente para lograr representar a todos los gobiernos, no parece que el doctor Ferrara haya avanzado al ritmo de los tiempos. Al autenticismo y particularmente a Carlos Prío lo defienden en la historia sus obras. No gustaba el doctor Prío de ese ambiente guataqueril sumiso al egregio en el que vivió el doctor Ferrara durante la tiranía machadista, cuando amordazada la prensa, mercenarios periodistas en su artículo elogioso al tirano, no reflejaban precisamente la situación nacional».

En aquella atmósfera caldeada por las constantes imputaciones de una parte y de otra, el viejo polemista no dio ni pidió tregua. En el noticiero CMQ de televisión de televisión impugnó a Carlos Márquez Sterling, quien, como presidente de parte de los debates de la Convención Constituyente del 40, había afirmado: «La Constitución del 40 hecha por once partidos que representaban a todo el pueblo de Cuba, ofrece la protección social que no debe estar ausente en un régimen democrático socialista».[17]

Ferrara le respondió con su ya conocidos aumento de que el texto legal tenía propensiones fascistas y comunistas, pues ambas tendencias «se dan el abrazo de hermanos bajo la égida del estatismo». En este sentido dio a entender sus preferencias por la Constitución de 1901, de marcado talante individualista, en detrimento de su sucesora del 40, a la que desautoriza como «típicamente estatólatra».

Márquez Sterling fue cuidadoso en el tratamiento a Ferrara, reconociéndole su altura intelectual, y que en la

---

[17.] Replica el doctor Orestes Ferrara al Dr. Carlos Márquez Sterling, *Diario de la Marina*, La Habana 16 de enero de 1955.

citada entrevista de televisión pusiera de moda nuevamente lo que llama «el arte de polemizar». Según dijo: «Con taelento, con enorme cultura, con extraordinarios recursos parlamentarios, el discutido hombre público se batió durante hora y media con sus interlocutores, encontrando a todas las preguntas una respuesta adecuada». Sin embargo, en su opinión, dichas respuestas no se correspondían «en el fondo» con el momento político que vivía el país, y le critica que en muchas de ellas «se evadiera del tema con profunda astucia». Para Márquez sterling:

«A pesar de todo, de acuerdo con el arte de polemizar, Ferrara sólo se apuntó un éxito en la forma, pero no en el fondo. Un debate amplio sobre la doctrina o los principios violados de un tiempo a esta parte, nos dará la medida real de la aflicción cubana (…) En el orden de las ideas, la forma y el fondo, de las expuestas por Ferrara, están fuera de circulación. Brillaron aparentemente porque a ella se opusieron hechos y no los principios que le son contrapuestos. Esas ideas viejas constituyen un error fundamental al compararlas con las nuevas».

Mientras tenía lugar todo este revuelo periodístico, Ferrara aprovechó para reunirse con viejos correligionarios, como los hermanos Carlos y Pablo Mendieta; Carlos García Vélez, hijo de gran general independentista Carlos García, y Cosme de la Torriente, enfermo en un hospital. Este último lo felicito por sus declaraciones en televisión, y ambos convinieron en que «sin una mayoría ya formada sería peligroso quitar a Batista de la presidencia», aun cuando De la Torriente pensaba que el dueño de Kuquine «no abandonaría el cargo, ni aún en el caso de formarse una mayoría en el país y en los partidos políticos.[18]

En opinión de Ferrara, Don Cosme era hábil, pero ineficaz como político «debido a una excesiva y inmutabilidad

---

[18.] Orestes Ferrara. *Memorias*, página 493.

de parecer», y le recrimina su apoyo a la reelección de Menocal y «sumisión a Summer Welles en la hora que este intervenía en Cuba a favor de su política antimachadista que, aun considerando la aceptada, no dejaba de ser una intervención de un gobierno extraño.[19]

¿Había olvidado Ferrara aquellas declaraciones suyas tan desafortunadas en la Sexta Conferencia Panamericana, que tanto disgusto causaron incluso entre sus seguidores, al proclamarse un decidido partidario de la política intervencionista de los Estados Unidos?[20]

Estos intensos debates, y discusiones y polémicas en torno a las antisonantes afirmaciones de Orestes Ferrara, las réplicas y contrarréplicas, tenían que ver menos con el comprometedor pasado de su protagonista que con la candente situación de aquel momento, en la que cuáles el veterano político y diplomático había dado su apoyo tácito al general Batista. Ello le había conseguido simpatías entre los adeptos al hombre del 10 de marzo, pero también muchos detractores entre quienes se le oponían, que eran una proporción creciente de la sociedad cubana. Nuevos actores políticos y una beligerante generación de jóvenes luchaban por desplazar los tópicos gastados de la política tradicional. Además, muchas de sus ideas eran francamente conservadoras, por no decir de un sabor rancio, como las referidas a las medidas sociales de la Constitución de 1940, considerada entre las más progresistas del mundo en su época, lo cual hacia insostenible su discurso en un país

---

19. *Ídem.*

20. La transcripción de las palabras dichas por Orestes Ferrara, en la sesión de 4 de febrero de 1928, en la Comisión de Derecho Público Internacional son estas: «No nos podemos unir al coro general de "no intervención" porque la palabra "intervención", en mi país ha sido palabra de gloria, ha sido palabra de honor, ha sido palabra de triunfo, ha sido la palabra de libertad, ha sido la independencia. La palabra "intervención", está que por hechos circunstanciales es hoy puesta al índice de esta reunión, ha sido siempre en el mundo, cuanto más noble y de más grande ha habido...». Su versión personal de los hechos en *Memorias*, página 315.

que abogaba por superar el estado de crisis institucional, en lo político, y estructural, en lo socioeconómico, de lo cual el gobierno autoritario de Fulgencio Batista era la mejor prueba.

Luego de un mes cargado de fuertes emociones, y tras algunos banquetes de despedida ofrecidos por la nobleza titulada criolla, Ferrara abandonó La Habana a fines de enero de 1955 rumbo a Madrid, donde aunque oficialmente no existían relaciones diplomáticas con la España de Franco, ostentaba el rango de embajador, compartido como el representante ante la Unesco, Según sus propias palabras, él y su esposa preferían Europa para residir de manera permanente, donde la vida era «menos accidentada».

En realidad, en España nos sentimos mejor que en nuestra casa. Los problemas que se presentan a uno en su país a veces son duros, mientras que en un puesto diplomático como el que yo tenía (…) todo resultaba fácil».[21]

Fue esta su última visita a Cuba.

21. Orestes Ferrara. *Memorias*, P. 493.

# ORESTES FERRARA, EL AUTOR

Algunos de sus libros publicados son:

- *Mis relaciones con Maximo Gómez*
- *Un pleito sucesorio. Enrique IV, Isabel de Castilla y La Beltraneja*
- *Problemas de paz*
- *La guerra Europea*
- *Memorias*
- *Una mirada sobre siglos*
- *El Papa Borgia-Alejandro VI*
- *Lucrecia Borgia*
- *Michiavello*
- *La última guerra española*
- *Ideas políticas de José Antonio Saco*
- *Páginas sueltas*
- *La guerra europea del 14*
- *Biografía de Felipe II*
- *Ciceron &Mirabeau*
- *Robespierre, El extremista de la Revolución Francesa*
- *La moral de los grandes oradores*
- *Martí y la elocuencia*
- *La organización de los Continentes*
- *Trabajos en Europa*
- *La correspondencia privada de Nicolas Michiavello*
- *Tentativas de Intervención Europea en América*
- *La hegemonía histórica*
- *Enseñanza de una Revolución*
- *El Cardenal Gaspar Contanni y sus misiones*
- *El siglo XVI a la luz de los Embajadores Venecianos*

# POR WILLY DE BLANCK

La tragedia que ha llevado a Cuba al comunismo que sólo de fachada es, ha sido política. Rica era la Republica, nubes no había en su vida material, pero muchas se cernían sobre la política. A la creciente prosperidad quería sumar el cubano, por lo menos —repitámoslo—, un aceptable mínimum de democracias, con promesas de desarrollo.

Surgió Castro y adoptado fue por tal aspiración. Cualquiera otro en su lugar hubiera gozado su suerte, dándose cuenta de que el hombre esperado no podía sino ser sino consecuencia de ese estado de ánimo político-social. Para desgracia nuestra prefirió él olvidar promesas hechas, desertando a un campo tan alejado del cubano que trabajo le costó a este realizar rápidamente lo sucedido.

Si el cubano estaba unido en la dicha aspiración, sabido es que en la vida corriente anda siempre dividido, a menudo hasta por cosas de poca monta. En los penosos días que está atravesando, opónense mutuos estériles vetos los grupos componentes de la oposición a Castro, ensanchando la división, retardando los beneficios esperados de su unión.

Uno de los más incomprensibles vetos ha sido el decretado contra conciudadanos que sin haber violado ley alguna, figuraron en el pasado en tal o cual partido político; olvidándose así el primer principio exigido para la reafirmación de una Cuba libre: El de la libertad del pensamiento. Olvidándose que vacíos de contenido son los vocablos-acusaciones 'grausismo', priísmo' y 'batistinismo', por tener derecho todo cubano al ideario de su gusto hasta de tratarse del primitivismo del culto del caciquismo escondido en tan absolutamente vacías denominaciones. Olvidándose que todos nuestros gobiernos alguna cosa buena dejaron en su paso por el poder y que, en todos ellos, por suerte, sirvieron hombres[22]. Olvidándose que de mantenerse la falsa acusación de culpabilidad lanzada contra todo el que sin cometer delito alguno figuró en el gobierno y en la administración pública mientras ocupó Batista en el poder, nadie debió tampoco figurar, digamos, en el gobierno y la administración de dos jefes de Estado que le precedieron en Palacio, prefiriéndose por tanto que sólo picaros y malvados dirigieren nuestro destino.

Olvidándose que de admitirse semejante enormidad ni gobierno ni administración pública hubiera habido en la Republica, dados los reproches y las acusaciones lanzadas contra nuestros presidentes por la oposición, y que mundialmente admitida la regla de que 'del mal, el menos', bueno ha sido que elementos sanos hubieren realizado en sus respectivas esferas todo lo que su patriotismo podía obsequiar al bien común. Y olvidándose, por último, –sin ir muy al fondo de nuestra historia contemporánea–, que repetimos, no siendo lo condenable sino la comisión de actos contrarios a las leyes, juzgar con severidad a Grau Sam Martín, A Prío Socarrás, y a Batista no puede traducirse a un tiempo en la total condenación de 'grausistas', 'priístas' y batistianos sino en la de los que bajo sus presidencias debieron caer bajo el peso de la ley.

Sin necesidad de ahondar en la materia, lo que sería pueril, y porque en el momento lo que interesa a todo cubano es la acción contra lo cínico totalmente condenable,

---

[22.] Un Mañach y un Santavenia sirvieron a la República en el curso de la primera etapa política de Batista. El 'autenticismo' contó con un vicepresidente de la República, Raúl de Cárdenas, de impecable reputación, y con un colaborador, Hevia, actualmente miembro del Consejo Revolucionario. El batistianismo contó en su segunda etapa con Un García Montes, un Raúl Menocal, un Rayneri y Miró Cardona, pazos, Justo Carrillo y otros sirvieron al único gobierno no siquiera rechazado por apasionada oposición sino por la casi totalidad del pueblo cubano (N. del E.).

la traición[23] o séase el 'castrismo' –también elevado por algunos al honor de programa o teoría política–, de admitir es quizás la objeción de no estar constituido el Consejo Revolucionario presidido por Miró Cardona por una representación tan completa –en el plano ejecutivo– como posible tanto de los diversos ideales políticos corrientes como de las principales actividades nacionales, olvidándose por otra parte que tuvo el mérito de organizarse, dando fin en parte a interminables querellas de campanario, para señalar la vía por tomarse inmediatamente: La de la acción bajo el signo de una simbolización del espíritu nacional.

Caricature of Willy de Blanck
by Conrado Walter Massaguer
(1889-1965).

En existencia pues una representación de la oposición, nuestro deber es aceptarla y seguirla, concediéndole pasajero mandato, oportunamente tocará al pueblo cubano expresar todos sus deseos.

De si el Consejo cumple satisfactoriamente o no sus deberes, nada podemos opinar por ahora, asiladas

---

[23.] Ya confesada en este mes de diciembre de 1961, públicamente por Castro, declarándose marxista- leninista, explicando a un tiempo los motivos que lo habían inducido a disimularlo (N. del E.).

inevitablemente sus actividades en zona a la que no tenemos acceso. Por tanto, repetimos, sigámosle, abriéndole crédito en vez de ponerle trabas o de criticarlo, y hagámosle sugestiones o lo que es lo mismo, hagamos política si ambición es personales porque sin ella, como ha recordado un gran amigo de Cuba, Gustavo Pittaluga,[24] 'no hay conexión intima'[25] entre el grupo director o que se abroga momentáneamente el derecho de dirigir, y al existencia aparentemente amorfa, hecha de trasiegos y anhelos, de afanes y esperanzas de la población; todo pueblo con cualidades de nación no puede vivir sin política –actividad elemental de toda actividad humana–, sin una política libremente discutida, examinada a diario frente a los acontecimientos de dentro y de fuera, desde el punto de vista histórico, demográfico, económico y cultural, por representar la política un intento, un esfuerzo, un medio indispensable para aminorar en la convivencia las consecuencias dramáticas de los instintos del hombre; cuanto a su valor, grande o pequeño, pero insustituible, consiste en contribuir a introducir por amor o por fuerza en el alma individual una porción, un reflejo, un eco del alma de los demás.

De no hacer política los cubanos, podremos caer en manos de otro títere con rasgos emparentados con los Castro; de algún utopista de otra clase, con palabra atraedora; de algún valiente o atrevido revolucionario (no olvidemos la potencia emanada siempre de un título que en los últimos años ha venido constituyendo en nuestro país casi una

---

[24.] Gustavo Pittaluga Fattorini. (Florencia, 10 de noviembre de 1876-La Habana, 27 de abril de 1956) fue un médico y científico italiano, nacionalizado español en 1904, notable sobre todo por sus aportaciones al desarrollo de la hematología y la parasitología, así como por su papel en la lucha nacional e internacional contra la malaria y otras protozoosis.

[25.] En *Diálogos sobre el destino*, volumen publicado en La Habana en 1954 en el que bien puede afirmarse que abordó él todos nuestros problemas con amplia documentación y seriedad de propósitos. Desafortunadamente adoptó el método del dialogo, algo fatigoso para el lector con prisa; en este caso frente al autor, una dama de inteligencia que, de haber existido, de lamentar que no haya sido mencionada (N. del A.).

vocación) tan bienintencionado como impreparado para todo lo relacionado con la cosa pública, o con uno de nuestros corrientes politicastros, perito en materia de influenciar a lo peor del barrio desgraciadamente subido casi casi en masa, durante los últimos años, al plano legislativo y hasta el del poder ejecutivo; contingencias todas favorables al asomo en ciertas mentes y en corazones inquietos de un olvidado histórico anexionismo que podría lograr simpatía a gracias al ejemplo ofrecido por Puerto Rico.

*Willy de Blanck con el Primer Ministro Britanico, Winston Churchill*

Sabido y de no olvidar es lo condenable en el panorama cubano, superior en muchos sentidos a muchos otros: deficiencias de variado orden en la gobernación y la administración pública. Estancamiento gubernamental y legislativo en diversas materias; entre ellas la relacionada con la situación y la vivienda de cierto número de los más[26]. Inmoral aprovechamiento de fondos públicos, incumplimiento de la

---

[26.] Problema este no resuelto todavía con unánime satisfacción sino en muy contados países. Nadie negará, por ejemplo, a Italia ser uno de los más ricos en civilización; y, sin embargo, fácilmente se constatan en su seno visibles signos de la desoladora situación en que se encuentra la vivienda de muchos ciudadanos suyos; como fácilmente se constata —para citar un caso de mayor relieve aún— el estado de cosas imperante en los slums neoyorquinos (N. del E.).

legislación social. Favoritismo en el reparto de los empleos de los empleos públicos. Injustificado acrecentamiento del número de las fuerzas armadas, indebidamente favorecidas por ilegales condescendencias, insolente multiplicación del juego, paros que hubieran podido evitarse, violación de gran números de los derechos ciudadanos, ausencia de sanciones, etc.[27] Reproches aplicables no solamente al gobierno de Batista; en cuyo periodo lo bueno realizado perdió todo relieve, oscurecido por lo malo, agravado por su prolongación en el poder, cosa esta segunda que no puede reprocharse a sus dos antecesores en él.

Si lo que nos está sucediendo tiene sus raíces al final del periodo presidencial de Estrada Palma y débese principalmente no solamente a los tres gobiernos aludidos precisa también atribuirlo en buena parte a ignorancia de una masa fácilmente sugestionable; al despego mostrado por la política por la ciudadanía, más empeñada en actividades útiles a su suerte material personal que en contribuir al tiempo que ésta al buen vivir general sin el paz social no puede haber; a indiferencia egoísta en la que participó el capital, satisfecho en los periodos electorales con ofrecer fondos a los diversos partidos en lucha, para no indisponerse con ninguno (revelando estos dos elementos pruebas de incapacidad psicológica y de escaso apego real a la suerte nacional), y por último estéril bulliciosa oposición escrita y, en la calle, de orden estudiantil da por lideres en cierto número más o menos secretamente vendidos a la voluntad de los gobiernos) y de la producción, no pudo dejar tampoco

---

[27.] Opina Pittaluga: «La peor lacra de la sociedad cubana, el defecto más grave de la actuación de los órganos del Estado consiste en la falta absoluta de sanciones, la lenidad de los castigos y el incumplimiento de las condenas. Mientras perdure este estado de cosas; mientras la impunidad sea condición conocida por todos, aprovechada por los delincuentes y con frecuencia impuesta por los gobernantes, la vida civil no tendrá el amparo de la ley, ni la moral pública apoyo para consolidarse. La ética abstracta y moral teórica no tienen presa sobre el común de las mentes (N. del E.).

de contribuir a la ascensión a las alturas políticas de, en conjunto, despreciables nefastas ambiciones.

Nuestra contribución al futuro nacional la traemos a este folleto fruto de buena voluntad, de algunas meditaciones y también de repeticiones atrevidísimas de escritos perdidos en los remolinos de la hojarasca periodística de no pocos años. Nada original se encontrará en él. Las necesidades son como las particulares, generadas y regidas por, en suma, sencillas aspiraciones; por necesidades de fácil contenta-miento, de contarse con buen sentido. Sucede con ellas lo que, con las leyes, en general: Las conoce quien sensata y honradamente piensa.[28]

*Willy de Blanck en foto familiar con su esposa( Lloyd Dario) e hija Patrizia*

Ahora bien, dado el caos provocado por Castro, mu-cha devoción y sacrificio demanda la tarea confiada por la desgracia a la oposición. Gozando de mayor libertad la

---

[28.] De Pittaluga son estas consideraciones dignas de recordación: «Cada genera-ción, buena o mala, deja una estela en la historia del país, limitada a un tiempo marcado por la supervivencia de la misma generación». El futuro se ciñe por lo general a ese potencial vital, limitado por la misma vida de la generación. En Cuba no se vislumbra sin embargo objetivo concreto y limitado alguno, a pesar de destacarse en cada generación grupos preocupados por el futuro; grupos que piensan, prevén, presienten algo relacionado con el destino nacional.

emigrada que en la Republica, a ella toca mayor trabajo y la empresa de confiar a comisiones la redacción de ponencias sobre los problemas nacionales más urgentes; y al Consejo Revolucionario su consideración para concluir con respecto a un programa futuro de acción, susceptible de aprobación general.

Ninguno de tales problemas será tratado por nosotros en sus diversos aspectos. A mentes más preparadas tocará examinar o descartar ora lo sugerido, ora lo concluido por nosotros, rectificando lo que se les antoje, aportando a un tiempo a examen nuevos asuntos dignos de consideración.

Y es por es que decidimos a escuchar opiniones, sugerencias o discrepancias se nos ha ocurrido invitara hacerse oír aquí a quien combatiente en el curso de nuestra lucha por la independencia fue después, durante más de medio siglo, actor en nuestra escena republicana; personalidad, se nos antoja, representativa de una elite que sucesión necesita, y poca ha tenido, y necesario es que exista nuevamente más, compuesta por cultos, laboriosos guías con madera de hombre de estado; la elite que ha sido suplantada por oleadas de osados, ambiciosos jóvenes sin debida preparación para la vida pública; jóvenes que por su parte. Poco hueco parecen haber abierto a la que debió seguirla y por politicastros en conjunto condenados por el patriotismo vigilante, aunque impotente de los buenos ciudadanos.

Creo haber mencionado a Orestes Ferrara, sucesor de personalidades que si discutidas –como lo son todas las públicas en todas partes– estela dejaron: Varona y Montoro, Sanguily y Méndez Capote, Cancio, Desvenirne, Sánchez de Bustamante y González Lanuza, Averhff, Hernández Cartaya, Cosme de la Torriente y otros más. Seleccionado a un tiempo por nosotros– confiaremos a título anecdótico, en que simpatizábamos con la rebelión contra Batista sus millones de ciudadanos, y anticastristas sólo parecían ser seguidores de este último, él, independiente, situado

80

en elevado plano, asombrabase de la ligereza nacional, mencionando el hecho de las imperdonables esperanzas puestas en un joven sin pasado digno de atención al que no habiasele pedido credencial de clase alguna a fin de poder ofrecérsele, aunque sólo fuera con vago conocimiento de causa, todo lo que desinteresadamente, generosamente, hasta la puerilidad, ponía a sus pies esa ligereza.

*Willy de Blanck con su esposa Lloyd Dario*

Mañach en el prólogo al libro de Pittaluga mencionado en este folleto, al recordar la intención del sabio profesor de ayudarnos a tomar conciencia de nuestro país –para poder este fijarse rumbo histórico– nos obligó a meditar sobre la ausencia de orientación de que hemos venido sufriendo, viviendo al día, en permanente inmediatismo; ausencia ahogada por frívola confianza en nuestra dramática insegu-ridad. Desbordantes de vitalidad, enfrascados en abundancia de particulares empeños y designios hemos demostrado carencia de voluntad colectiva, de empresa, huérfanos de una querencia integral de rumbo, de un propósito nacional, y por tanto de un amplio programa nacional encaminado –insistió el profesor– a encauzar la Republica hacia su destino, urgida esta de una reforma de su vida pública, no podía tal reforma limitarse a lo político, imponiéndose orientar las mentes jóvenes hacia una teoría del esfuerzo, no hacia una de la suerte.

Hizo a un tiempo resaltar Mañach que Pittaluga, después de su examen total de nuestro compleja historia, carácter y cultura, concluyó optimistamente. Constatación consoladora. Ahora bien, en el momento debemos los cubanos atender a los asuntos de ineludible urgencia momentánea, contribuyendo así a un tiempo, duda no cabe, a la empresa de envergadura sometida a nuestra consideración por los *Diálogos sobre el destino*.

No siendo pocas las ponencias que obligación tiene el Consejo Revolucionario de hacerse elevar, ni pocas las cuestiones y problemas que están demandando su atención, abordemos alguna de ellas.

Entre las primera figuras la cuestión de las relaciones internacionales: en un plano igualdad la admisión definitiva de la conveniencia del mantenimiento de profunda cordialidad sobre todo con los Estados Unidos; por conocidos motivos en los que no precisa entrar y, como observó Pittaluga, por ellos depender en dos aspectos esenciales; desde el punto de vista económico,[29] por ser nuestros mayores clientes y desde el punto de vista político-militar, por la reciproca situación de las costas, además de por la afinidad de los sentimientos e intereses.

Primera: la de los pasaportes necesitados por los cubanos en el extranjero, no residentes en los Estados Unidos. Carecen de ellos buen número por no acordárselos el régimen comunista, viéndose impedidos de viajar a donde les convenga; imponiéndose ora lograr el reconocimiento por los gobiernos de los que pudiera acordar el beneficio

---

[29.] Entendido Pittaluga que en Cuba el bienestar debe ser aprovechado y estabilizado para el futuro, sirviendo de estímulo para una reforma de la vida pública y para despertar la acción de esa finalidad, de un motivo colectivo de supervivencia (N. del E.).

de los suyos, a título provisional limitado, a esos conciudadanos nuestros. Sólo los cubanos residentes asilados en la Unión pueden sentirse tranquilos al respecto por no tener necesidad de abandonar su territorio.

**Segunda:** Convendría ir examinando con las autoridades norteamericanas la posibilidad de repatriación de los emigrados. Carece de recursos la inmensa mayoría de estos, y como es natural querrá verse en la patria tan pronto como posible a penas caído el régimen de Castro.

**Tercera:** Convendría ir examinando con los norteamericanos la conveniencia del envió a la Republica, a penas caído Castro, a puertos del Norte y del Sur del territorio nacional, a título gratuito, de los víveres, medicamentos, y artículos de primera necesidad demandados por la precaria situación en que se hallará la población.

**Cuarta:** Convendría ir examinando con los norteamericanos al tiempo que el futuro de nuestro azúcar el apoyo financiero de que necesitará la República para levantar cabeza, no olvidando la cuestión de la moneda nacional. Es decir, si nos conviene antes de volverse al régimen republicano, adoptar la práctica de años de la admisión de la moneda de la Unión, hasta normalizarse nuestra situación económica, o una modificación o reinstauración del sistema en vigor hasta recientemente. A cambio del apoyo convendría considerar que medidas constituirían la contrapartida, a título a un tiempo de modesta reparación por los perjuicios sufridos por el inversionismo norteamericano en nuestro país, por ejemplo, conceder durante un plazo de tres meses la libre entrada del material necesitado por las industrias instaladas en nuestro suelo, y durante el mismo periodo reducir a un 5 % los derechos aduanales de toda otra mercancía de necesidad corriente importada de la Unión por el comercio cubano.

**Quinta:** Convendría tomarse acuerdo sobre las medidas por adoptarse contra el comunismo nacional y sus principales cabezas y sobre los agentes del internacional en la República, así como con respecto al cuerpo diplomático extranjero comunista y examinar la posibilidad del envió a la U.RS.S. de los comunistas nacionales deseosos de expatriarse; y no olvidar ni la repatriación de la niñez y su juventud cubana enviada a dicho Estado por el régimen de Castro ni la recuperación de los fondos enviados también por este a él.

**Sexta:** Convendría examinar el alcance de la amnistía por acordarse, tan amplia como posible, sin olvidar la atención exigida por los delitos cometidos tanto por el régimen de Batista como por el que le sucedió.

**Séptima:** Convendría decidir si el Consejo Revolucionario será el primer gobierno, de corta duración, llamado a aplicar un programa de soluciones temporales, –el del movimiento revolucionario contra Castro– de reordenación y pacificación que manteniendo el orden y evitando legislar tanto como posible, deberá liquidar solamente las enormidades implantadas por el comunismo, –seguido del normal, o si deberá ser seguido de uno provisional, antecesor del normal.

**Octava:** Convendría no solamente la redacción inmediata de los decretos-leyes necesarios a la reordenación de la vida nacional (principalmente funciones gubernamentales y administrativas) sino considerar la importancia de la selección demandada por las jefaturas gubernamentales y judiciales, y por las de las fuerzas armadas y policíacas, las aduanas y la diplomacia por ser siempre peligrosas las improvisaciones.

**Novena:** Convendría ir sentando las medidas que regirán la organización, etc. de las fuerzas públicas[30] de inmediata utilización y redactar las leyes y reglamentos que deberán regir esa rama de la organización del Estado en forma definitiva; conviniendo quizás constituir un reducido ejército de línea de

---

[30.] Las fuerzas armadas cubanas hasta poco antes de la caída de Batista (ejercito, marina y aviación) hallábase integradas por 23400 personas.

84

6000 hombres, una guardia rural y un grupo de marina ligera y de artillería de defensa de las costas, implantándose además un servicio militar obligatorio de un año de duración a lo sumo para la juventud masculina– a su mayoría de edad –el cual podría alimentar las demandas de la guardia rural de acuerdo con sus necesidades .No parece necesario agregar que deberá poder formar parte de las fuerzas armadas todo ciudadano no encausado o encausable.

Estas otras sugestiones son a nuestro juicio de mayor interés ;quizás no dejarán de atraer la atención del Consejo Revolucionario las relacionadas con el problema constitucional y con el de la reorganización de los partidos políticos y las futuras elecciones ,de tomar sus actual mandato una forma elevada en la jerarquía gubernamental nacional.

## Constitución

A primera vista parece aconsejable un lazo de relación con el interrumpido período constitucional presidido por el Presidente Príos Socarrás, dándose así satisfacción tanto al sentimiento como a la lógica.

Ahora bien, imponiéndose no reanudar sino realmente recomenzar la vida republicana, de considerar es si no será más conveniente volver a la Constitución primitiva de la República –posiblemente la mejor entre las mejores, en su parte técnica–, admirable de concisión y claridad, substituida por una más parecida a una extensa ley o a un reglamento que a una Constitución, y compuesta más por declaraciones genéricas que por principios fijos y fundamentales, oscilante, además entre un principio y otro; defecto ilustrado para citar un caso: Las expropiaciones por utilidad pública. Instrumento elaborado con prisa –en el periodo de tres meses fijado a las discusiones– disponiendo los oradores solamente de cinco minutos para la exposición de cada punto de vista. De no estar equivocado, uno de los más realmente preparados entre ellos para la elaboración, fue Orestes Ferrara, por su calidad de profesor de derecho constitucional y púbico, al que se debió, para hacer ganar tiempo a sus colegas y facilitar los trabajos, la rápida adopción de los 200 artículos que no fueron objeto de enmiendas. Imperioso en toda Constitución lo esencial, duda no cabe que de ello carece la del año 40. Saltan a menudo en su texto los vocablos 'Estado' y 'Democracia', no encontrados en la primitiva, justamente por haber sido democrática. Casi dominada su redacción por la inexperiencia e inmoralmente hasta por intereses no políticos, y también por cierto fascismo y por comunismo, todo fue en ella sometido a la influencia del Estado: La familia, los estudios, la religión en cierto modo. A Ferrara, no olvidémoslo, se debió la inclusión en ella del principio de la libertad de la enseñanza. En cierto momento llegó a adoptarse la prohibición de esta facultad al clero. Ocúrresenos que, de no haber sido por él, entonces, víctima de un atentando que lo alejó de las secciones, otro aspecto hubiese alcanzado el instrumento de que tratamos.

La Constitución primitiva, por ser más una Constitución que la de ahora tanto invocada hubiera permitido absorber lo mejor de lo llevado a la del 40. De volverse a ella podría insertarse la prohibición de dos mandatos consecutivos presidenciales –origen de no pocos de nuestros males–, la prolongación de los mandatos a 6 años, la constitución de un Consejo de Ministros con responsabilidad ante el país, aunque mantenidas a los jefes de Estados sus funciones, encargados sin embargo los ministros de su firma, con derecho los presidentes a formar parte del Senado, vitaliciamente, y los vicepresidentes, de la Cámara; derecho que perderían de presentarse nuevamente a elecciones y podría extenderse, en el Senado, a los presidentes retirados del Tribunal Supremo.

En relación con este asunto de la futura Constitución quizás convenga considerarse con tiempo si debe mantenerse el régimen presidencial o adoptarse el parlamentario; pareciendo este último digno de examen dados los defectos que el presidencial ha mostrado. En todo caso, el presidencial con el injerto del semiparlamentario sin sus ventajas.

Este problema de la Constitución es tan importante que toda la consideración que inspire será poca. Una medida más que ocurresenos a su respecto es la especificación del posible retiro de la ciudadanía, en cualquier tiempo, a los extranjeros que de haberla logrado no se hubieren mostrado dignos de su disfrute.

## Partidos políticos y elecciones

Al igual que con el asunto de la Constitución del 40 parece la lógica aconsejar elecciones generales de acuerdo con la ley en vigor al cesar en el poder el presidente Prío Socarrás: y entiéndese que 18 meses bastarán para sentar sus bases. De acuerdo con este segundo, en desacuerdo nos hallamos con lo primero.

Durante la permanencia en el poder de Batista sólo existió realmente, aunque con vida lánguida, un partido con tradición: El Liberal. Otro, de oposición podría decirse, tolerada, hizo poco papel. Los demás no fueron sino artificiales agrupaciones mantenidas al servicio de directivas gubernamentales, en vida con auxilio del Tesoro, organismos más encabezados por presupuestívoros al servicio del poder que por servidores de la nación, sin ideales, dotados de no leídos programas desbordantes de insincera fraseología política.

De considerar es si no debe considerarse la conveniencia de sugerirse al mundo político la conveniencia de la constitución de tres partidos clásicos: Los respondientes solamente, de acuerdo con vieja tradición, a los ideales humanos; uno de derecha (¿Democracia Cristiana o Conservador?), uno Liberal y uno Radical, de izquierda, pudiendo ser el último el sucesor del conocido por Auténtico Revolucionario (Denominación esta tan ridícula como injustificada, por revolucionarias haber sido todas las agrupaciones que años ha combatieron la dictadura del Presidente general Machado). En los miles de años de justa práctica política por el hombre no ha habido sino ideas conservadoras, liberales y radicales, cada una con sus extremismos.[31]

Fracasado el comunismo cada vez que fue implantado (hoy día artificialmente mantenido en diversos paíeses por la fuerza al servicio de tiranías), y fracasadas las dictaduras (hecho no desmentido a pesar de la existencia de las conocidas) surgió en nuestros tiempos el socialismo, manteniéndose por la sugestión que ejerce sobre las masas, sin razón más de ser, logradas por estas ya las justa reivindicaciones, sobre todo de orden material, a que aspiraban, respetadas por toda clase de gobiernos. Curioso es observar el hecho de que terminada la lucha de clases, motor generador de lo que le siguió, este todavía por hacer acto de presencia en la sociedad humana el sucesor de Marx, el teorizador esperado para ser el campeón de lo que bien podría llamarse el legislacionismo social, —de no darse con una apelación más justa—, substituto del teorizante,

---

[31] Cuba, —Entendía Pittaluga— requiere partidos políticos con contenido político en el sentido más noble del vocablo. Debe contar con un partido conservador, uno liberal o reformista y uno socialista o laborista, como el inglés. Al comunismo no le acordaba el honor de ser partido por negar a priori la existencia de otros partidos, por pretender su programa imponerse como partido único, con programa de métodos, no de principios: de alcance del poder por medios inadmisibles. Ningún partido serio — escribió—, ningún grupo de ciudadanos conscientes podrá jamás sobrevivir adoptando como bandera tan solo el principio antitético de la violencia.
A su juicio imposible era el mantenimiento de la fragmentación de grupos con denominaciones más o menos absurdas y a veces ridículas, sin contenido político, pero contaba con el tiempo, diciéndose que la Republica dispone de reservas, estando a punto de vencer el cerco de las camarillas y de oponerse al caudillismo. (N. del E.).

servidor de la clase que, sin realizarlo, parecer querer hoy en el mundo, por el hecho de constituir mayoría, ocupar el lugar de la minoría que en pasadas épocas ocupó la privilegiada nobleza. Siendo la sociedad un todo armónico, en espera está todavía mucha parte del globo de alcanzar el bastante perfecto estado de cosas de la convivencia amable, en campo libre, de todas las clases, comprendido, logrado y respetado hasta por los partidos más de derecha.

Cuanto al partido comunista indudablemente parece, de acuerdo con los deseos de la mayoría nacional, que disuelto y prohibido deberá ser, lo mismo que el que le sirvió a Castro en la primera fila de la vanguardia con que penetró en la vida política democrática para asaltarla.

En relación con el problema electoral conviene preparar ahora un proyecto de ley sobre la carrera administrativa. Primeramente, porque una administración bien organizada, bien retribuida y protegida, es el complemento del buen gobierno, el instrumento de acción de este; y porque una vez en existencia tal instrumento desaparecerá entre los peores elementos de los partidos políticos, así como el cuerpo electoral la tendencia a considerar la administración pública centro de repartición de cargos para los vencedores; o más claro, de repartición de botín; ganando así la moral pública. Debiendo tal ley hallarse en vigor al iniciarse la campaña electoral, antes de su promulgación se impondrá la reorganización de la administración pública, previo cuidadoso examen de los expedientes de los funcionarios.

## Presupuestos

Necesitados han estado de científica consideración. Basados han estado casi constantemente de acuerdo con la producción azucarera. En 1935-1936 ascendió el nacional a la cifra en números redondos, de 65 millones de pesos (Zafra: 2,9 millones de toneladas, aun promedio de 1,73 centavos por libras y con un poder adquisitivo de100 para nuestro peso). En 1945 a 126 millones de pesos (Zafra: 3, 5 millones de toneladas a un promedio de 2,93 centavos por libras y con un poder adquisitivo de 0,516 para el peso nuestro). En 1955-1956 a 312 millones de pesos (Zafra: 4,4 millones de toneladas a un promedio de 3,20 centavos por libra y con un poder de 0,40 para el peso cubano). No respondientes fundamentales los aumentos a tradicionales principios fueron aplicados principalmente a sueldos, salarios, gratificaciones, dietas, diferencias de haberes, etc, por razones en buena parte, de elevación del costo de la vida en tiempos de guerra; recurriéndose a recargos tributarios y emisiones de valores del Estado; política de fórmulas a corto plazo. A Educación, Defensa y Salubridad tocó en los últimos años casi su mitad, sufriendo en su desarrollo las actividades de los ministerios de Agricultura; Comercio, Relaciones Exteriores, etc. Manteniendo altos los presupuestos entendía el gobierno que elevado nivel de vida creaba en cierta forma poder adquisitivo, representativo de vital inyección en el desenvolvimiento de la vida económica; olvidando que mientras más se rebaja un presupuesto más aumenta la riqueza. El industrialismo creciente del que necesitamos no surgirá por obra del proteccionismo; se mostrará con relieve y se afianzará sólo por medio de la libertad económica; libertad que procurará la disminución del costo de la vida, hará posible la institución de nuevas industrias sobre las que no deberá pues grabar el peso de salarios excesivamente elevados, y permitirá las rebajas presupuestales.

Estas son las cifras presupuestales exigidas por las deudas de la República, tomadas de tres presupuestos fijos 1935-1936 $ 7.000.000 (números redondos); 1945- $ 10.000.000; 1955-1956 $35.850.000.

## Defensa Nacional

Impreparada la República, —imprevisora— para defenderse contra las maniobras del comunismo internacional en su vida interna y como consecuencia para evitar transformaciones en su existencia política, —como llevada a cabo por Castro— y desarmada a un tiempo, por razones económicas para en caso de conflicto mundial ora salvar su existencia obligada esta a buscar apoyo norteamericano para lo primero y lo mismo para lo segundo, estrechando las relaciones de orden militar.

Íntimamente ligado eso al asunto de la base norteamericana de Guantánamo más necesaria a Cuba y a la causa americana y de la paz mundial que a los Estados Unidos, está nuestro interés en su mantenimiento mientras la Habana y Washington la juzgue eficaz. Como carece de agua, habrá quedar con la manera de procurársela.

La propaganda comunista se ha esforzado con éxito en ciertos medios por representar la base como prueba de ingerencismo norteamericano en nuestra existencia; olvidando deliberadamente el hecho de existir bases norteamericanas tanto en países más débiles desde el punto de vista defensivo, que el nuestro como estados de la importancia del Reino Unido, necesarias al mantenimiento de la seguridad mundial democrática. Para Cuba tan grande es su importancia y necesidad que a título simbólica suma de un peso anual. Ahora bien, deberá convenirse con Washington la concesión —nuevo tratado— sobre la base de un periodo de duración de 35 años, renovable por conveniencia mutua, por sucesivos periodos mientras persistan las razones que exijan su existencia.

## Economía

En un documentado trabajo Jorge Freyre[32] ha puesto de relieve el sojuzgamiento de nuestra economía a los designios de la Unión Soviética haciendo resaltar entre otros particulares la artificialidad de las ventas de azúcar a esta y a los países de la Europa Oriental, vendedores del comprado a nosotros obteniendo buen margen de beneficio; las desastrosas operaciones azucareras de Castro, al aceptar precios inferiores a los cotizados en el mercado mundial, el sometimiento de este a la incapacidad de la economía del bloque soviético; las mermas sufridas en la exportaciones e importaciones; la pérdida del crédito otorgado por Castro a dicho bloque, el peligro de las acciones futuras de la U.R.S.S. en el mercado mundial azucarero, la entrega de las reservas monetarias internacionales a Moscú, reconociendo más de 100 millones de deudas comerciales, etc.: actos todos con base política.

Refiriéndose al artificialismo económico característico del gobierno castrista, concluye Freyre, después de referirse a la caída violenta de los ingresos de divisas por exportación de bienes y servicios:

El control soviético sobre la calidad, precio y clases de mercancías enviadas por los países comunistas a la Republica, junto a la baja en el precio promedio de nuestra azúcar, han perjudicado severamente la relación neta del intercambio —la incapacidad de la U.RS.S. y sus satélites para abastecernos de materias primas, piezas de recambio y otras mercancías esenciales, en pago de las exportaciones de azúcar y otros productos efectuadas a esos países, ha producido una merma adicional en la capacidad de importación—. Resultado esto: Cuba convertida en nación

---

[32.] La supeditación del comercio exterior de Cuba al Bloque Soviética. Folleto suplemento del no. 55 de diciembre de 1961 de la revista *Cuadernos*, publicada en París.

acreedora del bloque soviético, revelando cuan ilusorios han sido los planes de ayuda soviética a su desarrollo y posible pérdida sustancial por tal concepto, dada la negativa de los rectores de dicho bloque a liquidar el saldo neto que arroje la cuenta de los convenios con la Republica en la oportunidad del derrocamiento de Castro —la incalificable entrega de los activos monetarios internacionales del Banco Nacional de nuestra isla a la Unión Soviética y el reconocimiento de más de 100 millones de deudas comerciales legitimas repudiadas por Castro, dan medida de la caótica posición de reservas monetarias internacionales que habrá de afrontar el cubano a consecuencia de su sumisión a los designios del Kremlin—. De concretarse la pérdida total en disponibilidades de bienes y servicios importados que sufriremos por la dicha supeditación de las relaciones económicas internacionales al bloque soviético (incluido en el cálculo de este año 1961), podrá estimarse la perdida en no menos de $800.000.000 — La acumulación de cuantiosas existencias azucareras por parte de la Unión Soviética (resultancia de excesivas compras) constituye grave peligro para la posición futura cubana dentro del mercado mundial azucarero—. Por último, la ayuda económica soviética, además de estar condicionada políticamente, ha sido totalmente ineficaz, no ya para impulsar hacia adelante el desarrollo económico de la nación, sino para evitar el desplome de los niveles de vida que han descendido espectacularmente hasta una situación de penuria, miseria y estrecheces jamás sufrida por el pueblo cubano.[33]

Siendo una de nuestras necesidades el abaratamiento del costo de la vida, parece imponerse abaratado

---

[33.] El desequilibrio y dislocamiento de la economía cuban es cuestión que demanda todavía cierto tiempo para ser estudiada, ya que ciertos de sus aspectos exigen la presencia en la isla de los interesados en ella. Diarios de diversas partes y algunas publicaciones oficiales sobre todo norteamericanas pueden por el momento dar satisfacción a esto. Así como el artículo del profesor de historia de la Universidad de Michigan, David D. Burks, "Perspectivas económicas de Cuba" (Revista *Current History*. Febrero de 1962).

acrecentamiento del fomento nacional: Disminuyendo el costo de los fletes de las importaciones y exportaciones, estableciendo normas de rendimiento por hombre hora de labor, a fin de aumentar la productividad de las fábricas y lograr precios competitivos para concurrir a los mercados exteriores; perfeccionándose la regulación de las sociedades anónimas y la del mercado de los valores, ofreciéndose las garantías necesarias al capital estancado o absentista para cumplir sus funciones; simplificándose el sistema tributario, rebajados los impuestos sobre la renta para evitación de la evasión; y ajustándose sueldos y salarios en forma que no se encarezcan ni el costo de la vida ni el de las industrias.

Lo desembolsado mensualmente por concepto de salarios en las actividades comerciales e industriales, sin inclusión de los totales de las labores agrícolas (estimados basados por Cuba Económica y Financiera en la recaudación de la Caja de Salud y Maternidad Obrera), sólo a partir de los meses de abril de cada año fue en 1951 en números redondos, de 646 millones de pesos; en 1952 de 719 y en 1953 de 624.

El asunto del impuesto sobre la renta requiere algunas consideraciones. Sabido es que fraude ha habido casi constantemente en la Republica por parte de una ciudadanía entendida para el caso con los agentes fiscales del ministerio de Hacienda. Por lo que mientras por obra de la educación cívica y de justicia severamente aplicada no cambien las cosas, lo practico será: No impuestos elevados sino razonables; en la seguridad de que producirán más de lo hasta hace poco producido.

De olvidar no es que uno de nuestros errores en días de crisis económicas ha consistido no en acudir para consejo a pueblos hermanados con nuestra psicología sino al norteamericano; y de ahí que nunca hubieren dado resultado satisfactorio las sugerencias de los por regla general eminentes técnicos que llevaron a nuestro medio, definitivamente sin alteración alguna, métodos seguidos con felicidad en el suyo.

Cuba si ha desarrollado en parte por su propio esfuerzo y si contó al llegar a la Republica con aportes financieros sobre todo norteamericanos, hallase algo emparentada al resto de la América Latina en cuestión de desarrollo económico. Los Estados Unidos y el Canadá, por su parte, se desarrolló con poca ayuda extranjera en territorios carentes de las variadas riquezas poseídas por los de las excolonias españolas; y cuidadosos han sido de lo alcanzado con mucho esfuerzo; lo que no ha sucedido en América Latina que ha trabajado menos, ha buscado capital fuera y muy a menudo lo ha malgastado o mal manejado, endeudándose.

Una sincera desinteresada colaboración de nuestro capital con la economía nacional demanda educación y tiempo para el afianzamiento de esta. De notar es que los estados ricos no han implantado las reglas severas del impuesto sobre la renta sino en nuestro tiempo, y una vez enriquecidas sus sociedades; cabiendo sin embargo hacer resaltar que en ellas numerosos son los capitalistas desalentados, negados a continuar desarrollando sus negocios una vez alcanzada la cifra máxima de renta que la ley les acuerda, decididos a no trabajar a partir de entonces, solamente para el Estado; perjudicando así los intereses nacionales; fenómenos fácil de constatar en el seno de las naciones más ricas.

La América Latina necesita de riqueza antes de ser presurada por medio de severos impuestos sobre la renta; necesita pasar por las etapas por la que han pasado las dichas sociedades; no es posible, dada su situación económica, elevar esta solamente por medios de leyes. Una vez enriquecida, se impondrá completa su educación ciudadana formando su espíritu de sacrificio. Los que hemos vivido largos años recordamos que es sólo nuestra generación que —precisa apoyar en esto— las naciones a que hemos aludidos impusieron el impuesto sobre la renta, con gran escándalo de los contribuyentes, a pesar de haberse iniciado la presión sobre ellos con incumplidas falsas promesas y con impuestos que ahora se nos antojan más modestos. Todo liberalismo será poco por ahora en el económico, de quererse ayudar a la América Latina. Esto no significa, sin embargo, aliento en forma alguna a violaciones de preceptos legales, o permitir clase alguna de fraude en la zona de los impuestos.

Curioso es observar el espejismo de que pueden ser víctimas quienes juzgan asuntos como el que trato sin tener en cuenta lo apuntado. Un ejemplo: Reconocen los Estados Unidos la necesidad del apoyo económico a la América Latina, dada la ausencia en ella de capitales, y a un tiempo ocúrresele a un político suyo de inteligencia y experiencia, Adlai Stevenson,[34] al aludir el capital latino americano, el hecho de que no paga lo que debe al Estado, es decir, fuertes impuestos; olvidando que ese capital, pasado integralmente a las cajas de los estados sería algo así como un cubo de agua arrojado en un pozo casi seco. Hay que liberar, —dice— a las clases media y popular de fuertes cargas; y compara cifras de su país con las latinoamericanas.

Cierta conferencia recientemente celebrada en nuestro continente, patrocinada por la Ford Foundation, si laboró prontamente y con las mejores intenciones pecó por elevarse verbalmente a las alturas en las que no se sabe que imperarán teorías y no hechos, olvidando la tierra ciertas tierras y los sanchopanzescos métodos que en ellos debe imperar.

Ahora bien, discusión no cabe, evidentemente, con respecto al hecho de estar justificadamente decididos los Estados Unidos a vigilar en el futuro el empleo de las sumas que ofrecerán a nuestro continente, pero de insistir es que por tiempo no estará la riqueza estadal de latinoamericana en la recaudación de fondos de la escasa mayoría rica suya. Hecho que nada tiene que ver con el problema de la mejor posible repartición de las riquezas en nuestras sociedades.

Un asunto que bastante tinta ha hecho derramar en la República ha sido el del industrialismo y sus perspectivas

---

[34] *Time.* Nueva York. Octubre 27 de 1961.

o posibilidades históricas; tratado como otros, con rapidez, pareciéndose ignorar o soslayar por ausencia de planificación, suficiente examen de las posibilidades de mercado interno o de exportación con que debiéramos contar.

Sin suficiente examen de los recursos naturales de nuestro país, de los indispensables alientos aduanales y fiscales; de facilidades de crédito, de una política de precios, de sujeción al factor cíclico y geográfico del empleo, etc.

Parrafadas le dedicaron nuestra prensa y peritos económicos a la cuestión, y sin embargo, difícil es saber todavía si tenida cuenta de ciertas realidades nacionales e internacionales nos conviene tender hacia la explotación de las industrias pesadas o hacia la de las ligeras, sin olvidar el hecho de que cualquiera que sea el rumbo que se tome, por tiempo o para siempre, parecemos tener que depender de la maquinaria importada; más aún, tampoco sabemos si nuestro industrialismo debe orientarse política y económicamente hacia el consumo doméstico, hacia la exportación o toma de ambos rumbos, teniendo en cuenta a tenor de los requerimientos de un mercado exterior, la vieja regla de que para vender hay que comprar.

¿Podemos competir en la elaboración de máquinas y otros artículos hechos mecánicamente con países ricos dotados de grandes centros de producción y de capital suficiente para la lucha, a veces áspera, de la concurrencia en los mercados internacionales?; Los instrumentos de reciprocidad, los tratados comerciales con los Estados Unidos de 1902 y 1934, los acuerdos multilaterales de comercio iniciados en la Habana (1948), continuados en Annecy (1949) y finalizados en Ginebra y Torquay (1950), nos mostraron la imposibilidad de contar con industria ligera, susceptible sin embargo de conducirnos a caída de las exportaciones azucareras, con la consiguiente perturbación económica, en obediencia a la citada regla de que para vender precisa comprar. Ahora bien, impresionante es que realizando notable dinámico esfuerzo llegamos a plasmar una realidad industrial digna de encomio: Plantas de concentración de cobre, níquel y manganeso; derivados de la ganadería; de deshidratación de frutas y vegetales; de montaje de acumuladores y equipos eléctricos; de alambres de púa, de cafeteras metálicas, clavos entre ellos; de puertas de metal; de troqueles de abonos; de esencias y colorantes de artículos de fibrocemento; de pinturas y barnice; de ácidos y sosa caustica, de pegamentos; de desinfectantes e insecticidas; de bombas y calentadores de agua; de botellas; de colchones, de productos químicos; de carrocerías; de conservas de frutos y pescados; de producción de aves y huevos; de molienda de trigo, arroz, y maíz; de aceites vegetales y productos farmacéuticos; de derivados de la caña (tablas de bagazo, glicerina, papel, cera, alimento del ganado, fulfurol, hielo seco, alcohol Anhydrous y levadura de caña); de kenaff para sacos de envase; de aprovechamiento de los detritus de la basura; de extracción de energía eléctrica de saltos de agua (como el del Hanabanilla), etc. Algo representado (en 1955) por 23,000 centros de trabajo que empleaban 992.760 obreros (incluidos los 484.777 del azúcar) con una inversión global de dos mil novecientos millones de pesos.

Podrá enfrentarse a ese cuadro el hecho de que sin incluir el petróleo, articulo de la industria pesada y ligera, tejidos, bebidas, etc, importábamos bastante más de 100 millones de pesos que hubieran podido ser capitalizados en la isla; y que parecía poder contar esta con mercados de un valor de 100 millones; que la gran industria azucarera, por causa del adelanto aportado por nueva maquinaria, sólo aseguraba trabajo durante tres meses a medio millón de trabajadores; que en el sector tabacalero imperaba intermitente y cíclica actividad; que en los Estados Unidos el trabajo permanente tiene la proporción de 2 y medio habitantes por uno trabajando, siendo Cuba la proporción de 3 y medio por uno (en el ramo del azúcar) y de 5 por uno el resto del año; que no

habíamos resuelto el problema de la ubicación de industrias en zonas de cultivos realizables en el llamado tiempo
muerto; que nuestros industriales se hallaban divididos
(la Asociación Nacional de Hacendados por una parte, la
de Industriales por otra, la de los Textileros por otra); que
nuestro destino no era el de un Estado azucarero por ex-
celencia ni tampoco un Estado no azucarero por exclusión
(Amadeo López Castro); que más del 50% de las industrias
acogidas a las exenciones de la Ley de Estimulo Industrial no
eran industrias nuevas, que más del 75 % de las industrias
protegidas por esta no se basaban en los recursos naturales del país y en el concepto de extracción, o producción
y transformación total; que los acuerdos internacionales,
ventajosos en algunos casos, no contemplaban inaplazables
problemas de un pueblo decidido a industrializarse sin por
ello olvidar la importancia de la agricultura en su existencia;
que en casos, la política crediticia, a través de las instituciones oficiales, prestó apoyo a empresas artificiales o no
fundamentadas en los recursos naturales de la isla, etc., etc.
Pero indiscutible es que nuestra industrialización tomaba
cuerpo, y que buena aceptable o incompleta la Ley- Decreto
no. 1038 de 1953[35]contribuía a ello, probándose una vez

---

[35.] Modificada y adicionada por la Ley-decreto no. 1531 de 8 de julio de 1954,
regulada por el Decreto no 2, 136 del mismo mes, denominado Reglamento de Exenciones Arancelarias y Fiscales, Tuvo su primer antecedente en los
efectos de la aplicación del Acuerdo-Ley no. 5 de enero de 1942(consecuencia
del estado de emergencia nacional con motivo de la pasada guerra mundial);
coincidiendo con ese Acuerdo-Ley (inspirado en resolución de la Conferencia
sobre los Problemas de la Guerra y Paz, celebrada en Chapultepec) dictóse el
3 de julio de 1945 un Decreto no. 1831(julio3) llamados intensificar el desarrollo industrial de los países americanos, a fin de consolidar su economía y
dar empleo; siguiéndole un Decreto no. 4089 de 26 de diciembre de 1945, regulador de las industrias de guerra; a de disposiciones específicas sobre exenciones arancelarias y fiscales —Decretos no. 1797 de 1948 y 2748 de 19519de
prorrogación de los términos para la libre importación de maquinarias, etc.
Cabe también mencionar un Decreto no. 2144 de 7 de agosto de 1945— y sus
disposiciones complementarias— regulador de la suspensión temporal a las
industrias nuevas de los impuestos sobre la exportación de dinero, etc., cuyos
principios aplicaronse hasta la promulgación de la Ley-Decreto no. 1038. — Sobre el problema industrial conviene examinar el folleto de Gustavo Gutiérrez,

más el éxito de la iniciativa privada, siempre lentamente apoyada por la gubernamental, y la realidad de ser nuestro pueblo como los demás latinoamericanos, —a pesar de los defectos que pueden atribuírseles —superior a los gobiernos que en conjunto han venido dándose.

Sobre la cuestión de la proporción de la participación del capital nacional con el extranjero en el desarrollo de la República, si debe ser este de un 50 % o mayor o menor, asunto es que exigirá atención por parte del futuro congreso.

A la reforma fiscal, armonizada con nuestra psicología y moral actual, deberá sumarse un reexamen de los trabajadores de comercio en vigor, para las rectificaciones que demandan o las confirmaciones del caso, si necesarias. Sin olvidar las ventajas por concederse a los Estados Unidos a cambio de las por ellos ofrecídosenos. Sólo a un espíritu desequilibrado como el de un Castro[36] ha podido ocurrírsele suplantar una situación de intercambio comercial como la que la Republica se había asegurado para siempre, por una aleatoria con estados lejanos, más interesados en teorías y dominación colonialista que en otra cosa.

---

'La estimulación industrial en Cuba', dado a la luz por el Consejo Nacional de Economía en 1956 (N. del E.).

[36.] Según López Fresquet, en ningún momento se vio este obligado en virtud de incomprensión o de indiferencia norteamericana, a solicitar colaboración económica soviética. En abril de 1959 al acompañar al primer ministro a los Estados Unidos fue advertido por él de evitar tratar cualquier cuestión económica con las autoridades; obligándolo, por tanto, a pasar por alto las insinuaciones que le hizo el Secretario del Tesoro, Anderson, ya ignorar las declaraciones que le hizo el Subsecretario de Estado, Rubottom, tendientes a conocer en que sentido podría colaborar Washington con el gobierno de la Habana en la solución de las más apremiantes cuestiones económicas.

Otro episodio relatado por el mismo exfuncionario, revelador de la premeditada traición de Castro:

Al aprobarse por el Consejo de Ministros la reforma tributaria, emocionado su autor, y satisfecho, oyó de labios del dictador que bien podría sucederle no contar con contribuyentes una vez reorganizada la Hacienda.

Pensaba ya él, sin sospecharlo sus colaboradores, en la industria, comercio y propiedad, y en la sustitución de los impuestos directos sobre el capital por los indirectos.

Cuba deberá comerciar, en segundo término, con quien quiera con ella comerciar, dando, naturalmente, precedencia en las relaciones a los países democráticos con los que los lazos han sido hasta recientemente tradicional amistosas.

## Agricultura

Explotado el 21 % de la superficie de la isla, ascendían sus hectáreas cultivadas a unos 2 millones; el resto o sea las restantes (70%) estaba compuesto, en números redondos por 1 millón 200 hectáreas de montes, bosques, forestas; 280,000 de plantas silvestres y marabú; 3 millones 800 mil de pastos (ganado); 65,000 de terrenos urbanos, casas, carreteras, caminos, industrias, quedando en disponibles terrenos en barbecho, improductivos, 1,150000 hectáreas. A esto había que sumar 2 millones de hectáreas de ciénagas, pantanos, cayos, islotes y cimas montañosas, fuentes no pocas de futura riqueza. La caña de azúcar ocupaba un 52 % de la superficie cultivada; el maíz u 8; la yuca un 7; el café un 5; el plátano un 4; la piña un 1; y las papas, el ñame y otros vegetales un 6%. Por tanto, el 33 % de la superficie cultivada estaba dedicada a la producción de materiales alimenticios agrícolas, satisfaciendo el mercado de la demanda. Algo que sugiere la ampliación de los mercados externos, sobre todo para productos de bastante fácil colocación como la naranja, el limón, la piña, el tomate, el aguacate, etc., al tiempo que la extensión de los cultivos para el abasto nacional, dado el aumento constante de la población; y que revela que el factor decisivo de la población; y que revela que el factor decisivo de la producción nacional está constituido por los recursos naturales atendidos o explotados.

Mucho asombra lo que inspirado tanto en buenos motivos como en intenciones deliberadamente perturbadoras se ha escrito y repetido con saciedad entre nosotros al dirigirse la vista al problema de la tierra, mucho hablándose, al abordársele, en primera línea, de latifundio, y en segunda, de explotación del campesino recurriéndose a slogans de cómoda superficial explotación, y poco, de realizado, y de las medidas que para beneficio general podrían acrecentar los ofrecimientos de nuestro suelo.

En un país en desarrollo como el nuestro, parecen haber olvidado censores y utopistas que dada nuestra población y nuestra dimensión geográfica —una dimensión que está demandando 15 millones de habitantes—, tierra habemos para rato para quien quiera cultivarla, que principalmente los capitalistas azucareros y los ganaderos, hombres prácticos, si adquirían tierras a los crecientes elevados precios que iban alcanzando, era, ora, para poder hacer frente, los primeros, a agotamientos de las tierras o a demandas de ampliación de los cultivos de la caña por exigencias de los mercados; y segundo, no para mantener en las suyas dinero 'muerto' sino por las necesidades alimenticias de las crías, necesitadas de zonas de alimentos y a un tiempo de zonas cultivo de éste.

Deliberadamente también fingían olvidar censores y utopías que los dueños o las compañías explotadoras de los ingenios concretábanse crecimiento a la elaboración y venta del azúcar; que numerosos eran los centrales en los que de alguna tierra disfrutaban gratis o por muy bajo precio numerosos cultivadores, produciendo sus alimentos y hasta logrando beneficios; y que antes de la promulgación por Castro de diversas medidas sobre la tierra, ya habían sido repartidas tierras en la Republica, como hemos recordado antes, aunque tan poco científicamente que en muy poco habían favorecidos a los campesinos, no bastando mera repartición de hectáreas entre aspirantes a propietarios para dar beneficios, sin contarse con adecuado alojamiento para éstos, con por lo menos primaria cultura agrícola, para éstos, con instrumento de cultivo, animales, vías de comunicación con los mercados internos, medios de locomoción o de transporte, bancos y organización de conjunto de lo producido y, si posible, mercados externos. Ningún campesino puede subsistir abandonado a su suerte, a menudo situado en aisladas regiones, sin el goce por lo menos de alguna especie de mercado fijo.

Ahora bien, habiendo, pues tierras en la Republica, para muchos, y no imponiéndose expropiar a nadie en gran escala 9 teniéndose siempre en cuenta la necesidad de grandes extensiones para ciertas explotaciones)si, bueno será una planeada repartición, basada en cada provincias basada en las características exigidas por explotaciones de diversas índole, bueno será igualmente no proceder con prisa, de quererse formar una clase agrícola en la que abunde el pequeño propietario, apegado a su propiedad, no distraída por el imán de las ciudades, protegido y próspero.

Una de las dificultades con que a menudo se tropieza en nuestro suelo es la escasez de agua en sus superficie, conviniendo estudiar para los periodos de seca anuales una justa repartición de la habida e implantar los embalsamientos que tan extraordinario resultado han dado en España, sin ignorar por causa de su bajo costo, un sistema de aprovechamiento en uso en Italia: El de las depresiones del suelo —las hondonadas, para ser más claro— destinadas a conservar de un año para otro el líquido acumulado en ellas en el periodo lluvioso, para utilización por las crías y hasta cuando posible para cultivos cercanos.

Investigado desde hace tiempo un método para la transformación a poco costo del agua del mar endulce convendrá examinar el puesto en práctica o en todo caso estudiado en Israel. Nuestros mares podrán pues surtirnos de líquido por lo menos para cultivos cercanos a las costas, y para las corrientes necesidades de las ciudades situadas en ellas.

Vasto y complejo el problema de la tierra, carece de su solución social. Aparentemente tierra parece haber todavía en el globo, teóricamente, para quien la quiera, pero el hombre se multiplica y el que tiene para su familia, pronto no la tiene para la familia de sus hijos; además el animal que le sirve de alimento necesita también de tierra. Numerosas son las restricciones puestas al apetito territorial por la existencia humana y la del animal y las exigencias de corrientes necesidades de la civilización. Pero tierra habrá en nuestra isla; por tiempo solamente para rendir beneficios a su calidad y después de las necesidades de los mercados.

Conveniente sería en un plan de reforestación la siembra de pinos en las costas y cayos, con vistas a la explotación de su madera para pulpa de papel.

Entendiéndose que dentro de un siglo podrán agotarse las reservas de petróleo podrá recurrirse a la inmensa energía solar, comparable, afirmase a la suma total de las reservas de carbón, petróleo, gas y uranio contenidas en nuestro planeta. Aunque de ser cierto que las reservas de ciertos materiales no se agotaran antes de veinticinco milenarios, realidad es que la energía solar nadie puede predecir cuándo se extinguirá. El tiempo dirá si costar más o menos que la nuclear. En todo caso, de considerar son los resultados del horno solar, declarado el más potente existente, situado en Francia en el Mont Saint-Louis, en los Pirineos Orientales a 1,600 metros de altura, donde brilla el sol durante 250 días del año y de 10 a 12 horas diarias. El método allí utilizado, conocido es por los ingenieros, logra temperaturas de 3, 000 grados y más para una potencia de 75 Kilowatts; calor sin gases, puro, susceptible de permitir síntesis químicas hasta hace poco irrealizables, con notables resultados. Los norteamericanos, en Massachusetts y Colorado han llevado a cabo con la energía solar experimentos de calefacción central, y entre otras realizaciones suyas se cuenta la de baterías solares que hacen funcionar aparatos portátiles de radio.

Sin necesidad de entrar en detalles sobre el asunto bien puede pensarse que bien pudiera la hulla de oro hacerle competencia a la energía atómica hasta en el dominio de la producción eléctrica, sobre todo en un país como el nuestro en el que sol nos sobra, Dia llegar en el que exportaremos energía a republicas vecinas.

## Turismo

Dada la importancia habida por la fuente de ingresos constituidas por el turismo si ciertos es que necesitados estamos de más hoteles, sobre todo en las provincias, con precios razonables, accesibles a las masas que constituye hoy la potencia de la renta turística, interés debe ponerse en la edificación en las provincias de hoteles con acceso al mar y campo de golf y tenis rodeados de *bungalows*, a fin de atraer una clientela dispuesta a pasar los inviernos en la Republica; centros que podrían ser utilizados por la clientela nacional, a menor precio en los veranos.

Los ingresos por concepto de turismo se elevaron en 1951, en números redondos a 19 millones de pesos; en 1956 a 38; un año después a más de 60. Prescindiendo de los obtenidos por azúcar crudo y refino, los ingresos por turismo en 1956 ocuparon el segundo lugar en importancia en exportaciones, puesto que sólo fueron superados por los del tabaco en rama y manufacturado; pasando a primera fila en1957 ya que la exportación del tabaco en rama y manufacturado no fue entonces sino de 47 millones; la de los minerales de 36; la de café crudo, tostados y en polvo de 12; la de mieles finales es de 27 y la de mieles ricas y siropes invertidos de 4.

Si las disposiciones dictadas para el favorecimiento del turismo fueron no pocas de valor, si se construyeron necesarias nuevas vías, si se facilitaron y multiplicaron necesarias nuevas vías, si se facilitó la entrada del turismo y de vehículos (Leyes-Decretos de 3 de diciembre del 1954, no. 1832 y 1127 y 2019 de 29 de abril de 1953 y del 19 de junio de 1958) y se creó el Instituto Cubano del Turismo (Ley -Decreto de 12 de junio de 1952, no.137) como organismo autónomo e independiente, lo cierto es que si no faltó competencia a ese organismo ni buenas intenciones, poco pudo llevar a cabo por consecuencia de la inmoralidad gubernamental reinante que redujo sus entradas, sin explicación de clase alguna, a sumas que lo sumo sólo llegaron a alcanzarle para remuneraciones burocráticas bastantes modestas. Lo que no impidió el aumento del turismo, probando esto una vez más la eficacia de las iniciativas privadas en la Republica por encima de la obra gubernamental.

La política del turismo parece exigir tolerancia para el juego. Ahora bien, no en la forma en la que había llegado a implantarse durante los últimos tiempos de Gobierno de Batista, en hoteles, cabarets, etc. En la capital podría concretarse a un casino como se había hecho años antes, y en las provincias algunos que otros o si acaso los balnearios de cierta importancia por su clientela y atractivos.

La lotería debiera mantenerse con los dos sorteos mensuales solamente y organizada como lo está la de mayor fama, la española y de no poder darse con manera de dar fin al juego clandestino llamado de la 'bolita' lo mismo que al de la charada China podría adoptarse basándonos en la técnica de ambas algo parecido al lotto italiano haciendo así el Estado de fondos que a diario pasan a manos privadas sin el contrapeso de beneficio social alguno.

En relación en cierto modo el turismo con cosas de la tradición, con la belleza de ciertas zonas y el valor estético de algunas ciudades, deberán las leyes prohibir alteraciones externas en el semblante de nuestras viejas ciudades y hasta alteraciones internas en edificios por ser designados y contribuir al mantenimiento de Trinidad tal como se hallaba hasta hace medio siglo. El día que la arquitectura de nuestra tierra se emparente exageradamente en aspecto con la de la Florida disminuirá la corriente turística norteamericana sobran espacios en la República para las prolongaciones de las viejas ciudades con fisonomía meramente utilitaria las medidas paisajísticas tomadas por el Gobierno italiano pudieran imitarse con provecho.

## Enseñanza Publica

Debemos desarrollar la enseñanza de la masa apoyando en su aspecto práctico. Crear cuantas escuelas de artesanos sean necesarias, exigente como es la vida moderna, crecientemente en especialistas de toda clase.

Se ha dicho que la segunda enseñanza de poco sirve, olvidándose reconocer que necesaria es para el acceso a la enseñanza superior. Al terminarse esta se impone principalmente la formación de técnicos, sin olvidarse de la cultura general, rocío de los espíritus.[37] Ahora bien, para mantener al país en línea con lo realizado fuera de él, inevitablemente es un exceso de severidad en los referentes al acceso a la enseñanza de alto vuelo adoptándose las disposiciones ya casi generales en todas partes los grandes centros de Cultura tienen que dejar de ser cría de parásitos del saber y agitadores políticos sin alas. En su plano debo volarse alto, nunca bajo. Nuestras universidades no pueden ser molinos de diplomas al servicio de corrientes mediocres mediocridades. Francia últimamente ha prestado la debida atención a esto, y conveniente sería tomar de sus conclusiones todo lo de interés para nosotros. No hay que olvidar que, si las necesidades demográficas de un país son crecientes en

---

[37.] Si la influencia de los Estados Unidos en la República —opinó Pittaluga— es fatal por ineluctable, no es por ello una fatalidad. Juzgó el insuficiente y acomodaticia, con parvos frutos intelectuales y sociales, nuestra cultura. Y pensando que no debemos ignorar la española sino preservarla y enriquecerla, escribió: «Los factores históricos y culturales constituyen el *substratum*, los cimientos de nuestra civilización, de nuestra formación *como pueblo*. Los factores geográficos y económicos domina nuestra situación como Estado. La función armónica del sedimento histórico y de los elementos de nuestra cultura con los intereses económicos y las inexorables condiciones geográficas, es la base de nuestra definitiva estructura como nación, —agregó además: la cultura es precisamente lo que puede introducir un elemento de equilibrio o al contrario determinar un desequilibrio un sobre exacto de uno a otro lado (N. del E.).

el campo de la enseñanza, las necesidades reales de una colectividad tienen también sus exigencias.

El excesivo aumento de las universidades en nuestra isla ha sido un error. Ha contribuido a la formación de exagerados núcleos de profesionales que forman un proletariado que, decepcionado en sus injustificadas ambiciones, iba creando un espíritu de descontento peligroso para la paz nacional. A nuestro juicio el Estado debiera contar con una unidad Universidad de La Habana dedicada solamente a la enseñanza científica más moderna. En ella imitándose lo hecho por los norteamericanos, pudieran figurar extranjeros hasta la formación en la República de una élite. En universidades privadas, una en la capital, otra en Santa Clara o Puerto Príncipe se enseñaría derecho, etcétera. En resumen, la enseñanza debe en conjunto mostrar marcado carácter técnico.

Inteligente criticona y a un tiempo muy sensible a toda crítica nuestra América, fácilmente se siente ofendida cuando no es tratada con la exagerada consideración que cree merecer. Cuanto a sus gobiernos, —de examinarse muy de cerca sus cosas, ora con la mejor de las intenciones, ora con severidad— consideran enemigos a quienes las abordan. No escapa nuestro país a la regla.

Nosotros, en los momentos libres de nuestra existencia, hemos dedicado frecuente atención en la prensa a variadíesimos aspectos de nuestros errores y necesidades, sin haber podido constatar siquiera atención de clase alguna a nuestras sugerencias; hemos sin embargo cansado el van honor de ser considerados enemigos de tal o cual jefe de Estado o régimen. Ahora bien, persistentes acúrresenos hurgar un poco más en la hojarasca periodística a que antes hemos aludido, para traer a colación o repetir algunas tales sugestiones, aunque imposible nos sea intentar desarrollarlas.

El Palacio presidencial actual, adquirido sin vista puesta en un futuro, carece de espacio tanto para habitación de una familia pasablemente numerosa como para oficinas y de ahí que se hubieren impuesto desgraciadas construcciones en su techo que no han resuelto su problema.

Debería ser la residencia del alcalde de La Habana, vendiéndose la propiedad ofrecida a este fuera de la capital, y no olvidarse la necesidad de alineación arquitectónica de la costa avenida que va a dar al puerto, de acuerdo con el exterior del edificio de la fábrica de tabacos La Corona. Cuanto al Ayuntamiento, debiera edificarse en la zona antigua de La Habana. Los ayuntamientos son los corazones de las ciudades y por ello deben responder a los esperados de ellos. Por otra parte, el Palacio de Antiguos Gobernadores Españoles debería constituir museo, amueblado como lo estuvo antaño, dedicado un tiempo a reflejar los variados aspectos de la vida en la vieja Cuba, no faltando en su principal ni los vehículos hoy olvidados ni el utilizado por el primer jefe de Estado de la República y tampoco el primer automóvil llegado a nuestra Isla. El rascacielos construido para Ayuntamiento, lejos de donde debería este hallarse, podría ser el Archivo Nacional, pasando del edificio ocupado por este a algún organismo de cultura; el "Ateneo", por ejemplo.

El Palacio de los Presidentes tendrá que ser edificado ora en la Loma del Príncipe ora en alguna parte de la capital con suficiente espacio para los jardines que deberán rodearlo. Un adefesio comercial levantado no hace mucho detrás del antiguo palacio de los gobernadores españoles, tendrá que desaparecer, transformándose el palacio que ocupa en parque.

Deficiente de los medios de circulación capitalinos, impónese imponiéndose un plan de comunicaciones en el que se armonicen vía subterráneas que podrían partir ora del Parque Central o del de la India, ligadas en sus funciones a una mejorada red de ómnibus, y a partir de ciertos barrios, nuevamente a una de tranvías.

Impónese velar por una arquitectura nacional, humana, bella, amable en su exterior, amplia, sana, higiénica en su interior y sobre todo armónica, evitándose el caótico sistema imperante en los nuevos barrios de la Habana nueva. El uso del aire acondicionado disminuye a diario el espacio habitable, cerrado, crecientemente comparable a cajones, deprimentes a la larga para el espíritu células de penitenciarios, reñidas con nuestro clima y carácter.

Imponense fuera de la ciudad ciudades, campos de recreo y deportes, y en ellas, y en las marítimos, gimnasios para educación física nocturna, con baños de agua de mar. Indispensable los balnearios, debe imperar en las playas la regla de la cercanía a las ciudades de la planeada para los más, dotadas de fáciles y económicos medios de locomoción.

Igualmente, en relación con los ocios de la población de las ciudades convendría la reanudación de las retretas nocturnas y el aliento en los en las menores sobre todo de asociaciones corales e instrumentales —y se requiere literarias—, también compuesta por aficionados encargados de hacer oír en los parques públicos, contribuyendo así a la cultura general.

Existente, parece ser un Parque Nacional, casi desconocido en realidad, deberá organizarse el y desarrollárseles en la forma adoptada en los nacionales de África y otras partes, habilitándose le para la cría y venta de los animales que van desapareciendo del globo.

Un museo oceanográfico y un acuario, contentivos de todas las riquezas de las aguas que nos rodean constituirían un centro más de cultura para el mundo y una atracción más para el turismo.

Inevitable el mar de la prostitución, periódicamente tan discutido por doquier como el de la pena de muerte, con tan buenos argumentos unas tesis como otras, imponese el examen de la única solución pasable pasablemente aceptable en la República: La de su concentración en las grandes ciudades en determinadas zonas como sucedía en los primeros tiempos de nuestra era republicana. De los tres métodos en vigor por doquier, el hipócrita de ignorarla, el de combatirla denodadamente y el de su más o menos organizada existencia vigilada, es el último el que mejores resultados ha mostrado. Italia acaba de probarlo con cifras elocuentes. Prohibida por medio de medidas auspiciadas, alabadas e impuestas por la tenacidad bienintencionada de una dama, miembro de su Parlamento, la ley Merlín se ha revelado en pocos meses un fracaso. Ni ha cesado la prostitución clandestina ni tampoco la callejera y se han acrecentado en alarmantes números las enfermedades venéreas, con gran peligro para la salud de la sociedad, contándose a un tiempo que nuevos medicamentos que parecieron dar rápido fin sobre todo a cierto mal, han perdido su eficacia, agravándose así las epidemias venéreas por exceso de confianza de los contagios en su eficacia. La prostitución clandestina en Cuba, por razones climatológicas imposible de salvar, constituye una inmoral lacra, a la vista de todos, tan peligrosa físicamente para los que la practican como para la moral de las familias obligadas a soportarla a sus puertas, sin recursos legales efectivos para combatirla. Fracasada allí la teoría de supresión, equivalente solamente a ignorarse, casi, oficialmente su existencia imponese, como decíamos, una solución aceptable satisfactoria.

Muy discutidos años ha el problema del divorcio en la República quedó cerrado el debate con la promulgación de una ley solamente pasablemente aceptable, por haber sido influenciada por intereses personales del momento; aplicada estrictamente al pie de la letra hubiera podido mantenerse sin exagerar objeciones, pero más que modificados sus principios, tegíversados, acabó por constituir algo tan sorprendente que casos se dieron de divorcios de los que no se enteró uno de los cónyuges. Imponese la revisión de la ley que lo regula, alejada tanto de un exceso de facilidades para lograrlo como de severidades. A nuestro juicio, por razones de humano interés relacionadas con los sentimientos de los hijos, la sentencia no debería recibir publicidad alguna, pudiendo sólo conocerlas los interesados a sus mandatarios legales; y los hijos, a llegar a la mayoría de edad.

*Willy de Blanck con Charles de Gaulle*

Para no alargar demasiado a las sugestiones terminaremos con una notable importancia: La de la necesidad por parte de los gobiernos del mantenimiento de permanentes canales en la radio y la televisión para no solamente distraer sino educar, atrayendo la atención de los más por medio de la seguridad de misiones que tendría la ventaja de no aburrir o fatigar con los anuncios a que deben recurrir otros canales; prohibida la intromisión de la política en las emisiones salvo en los periodos electorales en los periodos electorales, durante los cuales podrá adoptarse reglas en vigor en diversos Estados. Ni la radio ni la televisión pueden ser como los que han sido hasta ahora en nuestra tierra pretextos para discusiones, ataques apasionado y denigraciones a menudo sólo útiles a estéril agitación susceptible de crear indebidos trampolines a habladores sin méritos, asaltadores de la escena política y a desaforados amante del dinero mal habido.[38]

Deliberadamente no hemos entrado en el campo de la legislación social porque sabido es bastará todo país de acuerdo con sus posibilidades económicas la aprobación de los instrumentos y recomendaciones de la oficina internacional de Ginebra y la legislación que compactan para alcanzar paz social ese admirable organismo tutor si cabe la expresión de las necesidades del trabajo debe ser nuestro guía en la materia porque con ponderación y elevado sentido de sus responsabilidades cumple el mandato que años al mundo le confío de nuestras leyes sociales puede decirse ser buenas no pocas mediocres algunas y peligrosas cierto no más su cumplimiento ha sufrido vaivenes dada la influencia ejercida tanto en los sindicatos con el seno del Ministerio del trabajo por haber infiltración comunista enfrascadas sin cesar en obras de agitación antigubernamental de demandas inadmisibles tentadoras para la clase obrera sólo aparentemente técnica tendiente en suma a la desorganización social estimada necesaria para la avenimiento del marxismo de recordarles que en los últimos

---

[38.] el imperio del bien hacia un mayor libertad y una mayor libertad acompañada de mayor bienestar imponiéndose pues incita a los hombres a unir sus esfuerzos para alcanzar tal objetivo proporcionándose los medios para lograrlo a que terminen con la pobreza y la ignorancia engendradora de embrutecimiento y apatía a que busquen oportunidades para la libre desarrollo de la personalidad es manera de poder renovar la sociedad superada un tiempo su condición a incitarlos en fin a persistir en el logro de una paz perdurable base esencial de todo lo demás.

tiempos del Gobierno De General Batista el capital extranjero dada nuestra situación política no acudía al país y que él el que veleidades de hacerlo tenía pronto cambiaba de idea después de haber examinado nuestra legislación social a nuestro juicio se impone a la República pronta revisión de esa legislación con las rectificaciones de casos sin temor artificiales agitaciones de calle o prensa puesto su interés solamente en política en el nacional social económico única manera de ofrecer satisfacción al capital al trabajo a la economía y en suma a la estabilidad de la sociedad cubana la organización Internacional del Trabajo como ha dicho su director general David Amorsh en junio de 1962 en su respuesta a los comentarios provocados por la memoria suya presentada en la 46 reunión de la conferencia Internacional del Trabajo mantiene constante objetivo de lograr la in la mayor perfección social algo que sólo es revelado por leyes e instituciones una sociedad justa agrega él no se asienta en riquezas logrado sino en la abolición de la pobreza y de la plaga surgida a veces la sociedad que encuentra su expresión en la libertad de las relaciones sociales y en la exigencia de instituciones y asociaciones a las que se sienten ligados a los ciudadanos por lazos de lealtad de trabajo de participación en sus decisiones más puesta siempre a realizar nuestras experiencias cambio necesario situada por encima de diferencia unificada por el consentimiento más que por la coacción caracterizadas produce relaciones externas no por suspicacia sino confianza en sí misma si esta moda intelectual se empeña en considerar la libertad individual y la forma democrática como incompatible con las exigencias desarrollo económico falsa antítesis porque la sociedad justa evoluciona bajo.

Willy de Black

www.unosotrosediciones.com

infoeditorialunosotros@gmail.com

**UnosOtrosEdiciones**

Siguenos en Facebook, Twitter e Instagram:

**www.unosotrosediciones.com**

www.ingramcontent.com/pod-product-compliance
Lightning Source LLC
Chambersburg PA
CBHW031214270326
41931CB00006B/557